きみも
博士になれる！

子ども資格・検定ハンドブック

しおうらしんたろう 文・絵

ポトス出版

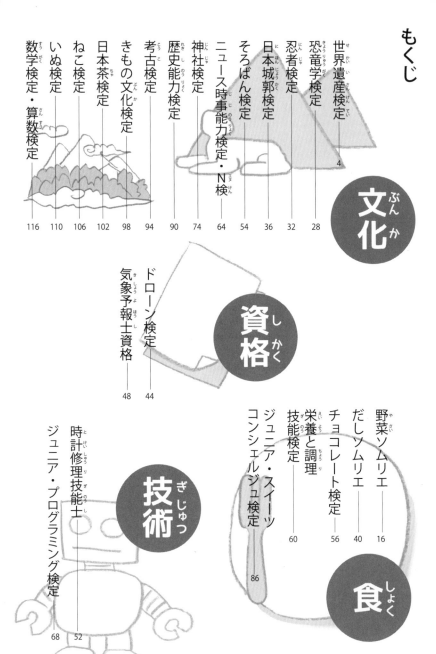

もくじ

文《ぶん》化《か》

資《し》格《かく》

食《しょく》

技《ぎ》術《じゅつ》

世界遺産検定《せかいいさんけんてい》

世界探検《せかいたんけん》のはじまりだ！

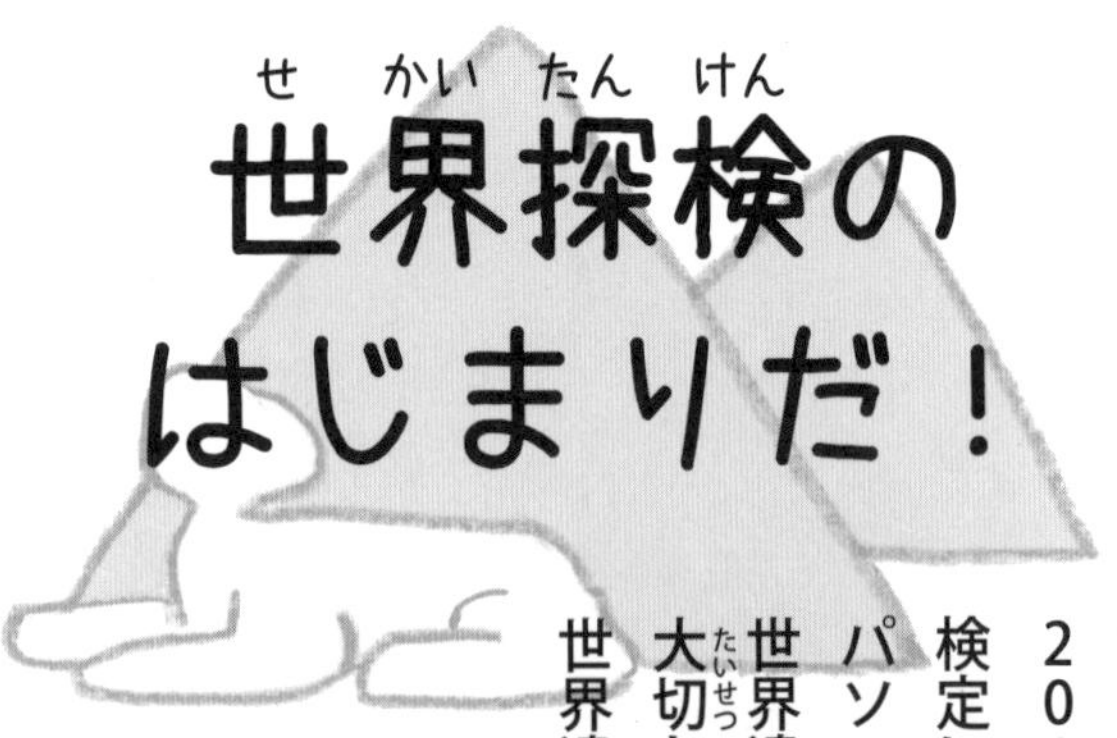

世界遺産検定《せかいいさんけんてい》は、２０１４年《ねん》から文部科学省《もんぶかがくしょう》が後援《こうえん》しています。
検定には、会場《かいじょう》での受検《じゅけん》と、パソコンを使《つか》っての受検（ＣＢＴ《シービーティー》）があります。
世界遺産が世界の人《ひと》びとの財産《ざいさん》であり、大切《たいせつ》な宝物《たからもの》であることを理解《りかい》し、世界遺産に触《ふ》れることで人生《じんせい》を豊《ゆた》かにしましょう。

ファジル・ゲビ・ゴンダール遺跡群《いせきぐん》
（エチオピア）

いろんなところに
いきたいなあ
ずーっと残《のこ》っていてほしい
世《せ》界《かい》遺《い》産《さん》がたくさん！
パンダは
どこの生《う》まれかな？

世界《せかい》遺産《いさん》は３つに分《わ》けられている

建物《たてもの》や遺跡《いせき》などの

文化《ぶんか》遺産

富士山《ふじさん》（日本《にほん》）

インダス文明《ぶんめい》の遺跡《いせき》

モヘンジョ・ダーロ

（パキスタン）

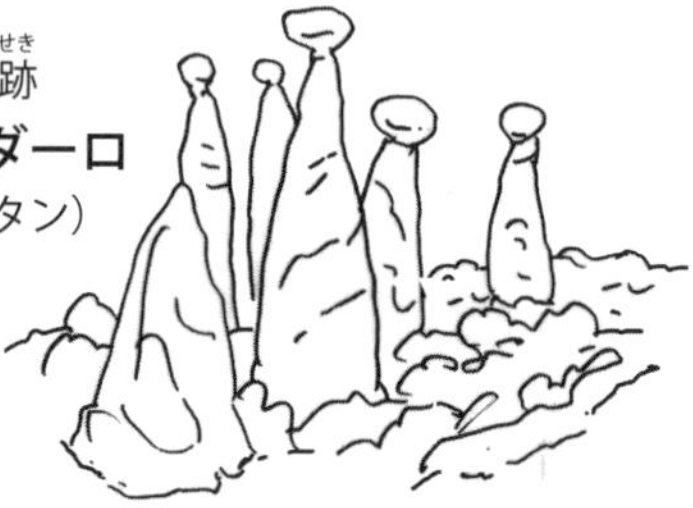

ニューヨークの象徴《しょうちょう》

自由《じゆう》の女神像《めがみぞう》

（アメリカ）

自然地域《しぜんちいき》を登録《とうろく》した

自然《しぜん》遺産《いさん》

世界最大規模《せかいさいだいきぼ》の峡谷《きょうこく》

グランド・キャニオン

（アメリカ）

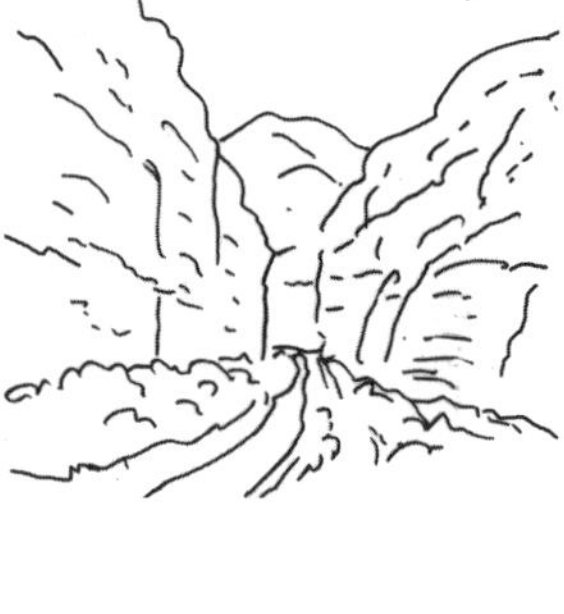

このQR《キューアール》コードを
携帯《けいたい》などで読《よ》みこむと
世界遺産検定のサイトが
出《で》てきます

世界遺産検定サイト

過去問題４級

自然《しぜん》と文化《ぶんか》の両方《りょうほう》をふくむ 複合《ふくごう》遺産

大《おお》きな一枚岩《まいいわ》でできた
ウルル
（オーストラリア）

海《うみ》に浮《う》かぶ修道院《しゅうどういん》
モン・サン・ミシェル
（フランス）

出題例（4級）

フランス共和国《きょうわこく》の世界遺産《せかいいさん》『モン・サン・ミシェルとその湾《わん》』で、オベール司教《しきょう》の夢《ゆめ》にあらわれて聖堂《せいどう》を建《た》てるように告《つ》げた天使《てんし》は誰《だれ》でしょうか？

・イエス・キリスト
・聖《せい》ミカエル
・聖母《せいぼ》マリア
・聖ヤコブ

答《こた》え：聖ミカエル

ローマ時代《じだい》の闘技場《とうぎじょう》
コロッセウム
（イタリア）

受検資格《じゅけんしかく》：子《こ》どもから大人《おとな》まで、だれでも受検できる。4年生《ねんせい》から挑戦《ちょうせん》し、5年生で1級《きゅう》に合格《ごうかく》、6年生でマイスターなった子もいるよ。
受検方法《ほうほう》：会場《かいじょう》での受検とパソコンでの受検（CBT《シービーティー》）がある。CBTでは、マイスター受検はない。
試験内容《ないよう》：4級から～準《じゅん》1級・1級、最高《さいこう》のマイスターまで6段階《だんかい》。
検定料金《りょうきん》：受検料は上《うえ》にいくほど高《たか》くなり、4級の3,800円《えん》からマイスターの20,400円まで。
主催《しゅさい》：NPO《エヌピーオー》法人《ほうじん》 世界遺産《せかいいさん》アカデミー
共催《きょうさい》：（株）マイナビ、（株）マイナビ出版《しゅっぱん》
後援《こうえん》：文部科学省《もんぶかがくしょう》ほか

（株）は株式会社《かぶしきがいしゃ》、（社）は社団法人《しゃだんほうじん》の略《りゃく》

天《てん》文《もん》宇《う》宙《ちゅう》検定

夜空《よぞら》の星《ほし》がだいすき！宇宙《うちゅう》のふしぎに挑戦《ちょうせん》しよう！

星《ほし》空《ぞら》を見《み》ていると、
無《む》限《げん》の宇《う》宙《ちゅう》の広《ひろ》がりを
感《かん》じませんか？
そんな宇宙に興味《きょうみ》を
持《も》つ人《ひと》の
楽《たの》しい検定です。

検定にチャレンジして
宇宙と星のナゾを
解《と》いてみよう！

星を知《し》ることで
地球《ちきゅう》を知り
太陽《たいよう》を知り
この宇宙を知る

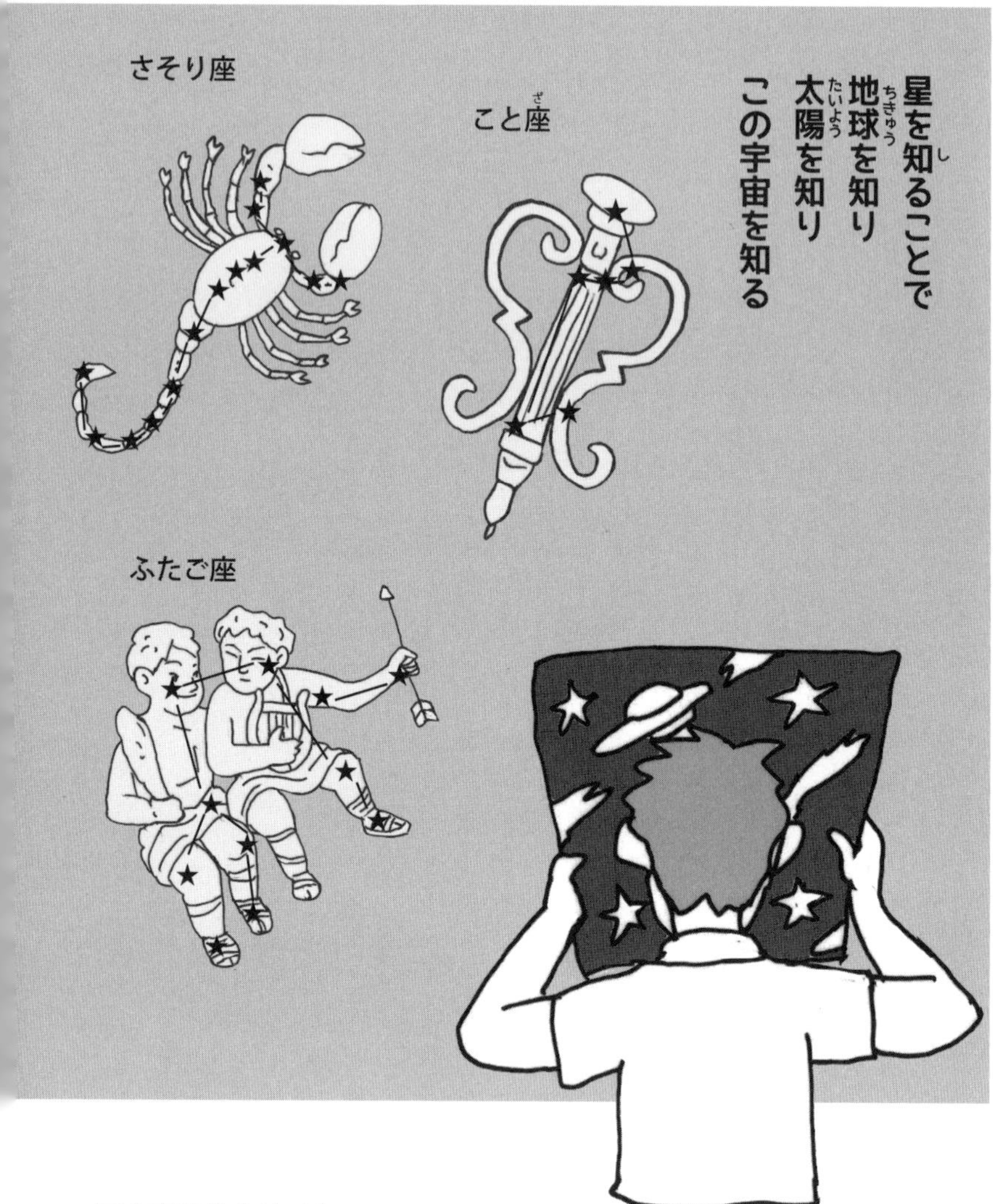

天文宇宙検定サイト

星座《せいざ》の名前《なまえ》 だけでなく
星座に関係《かんけい》する 神話《しんわ》の問題《もんだい》も
出《で》てくるよ

星は宇宙の始《はじ》まりを教《おし》えてくれる道《みち》しるべ

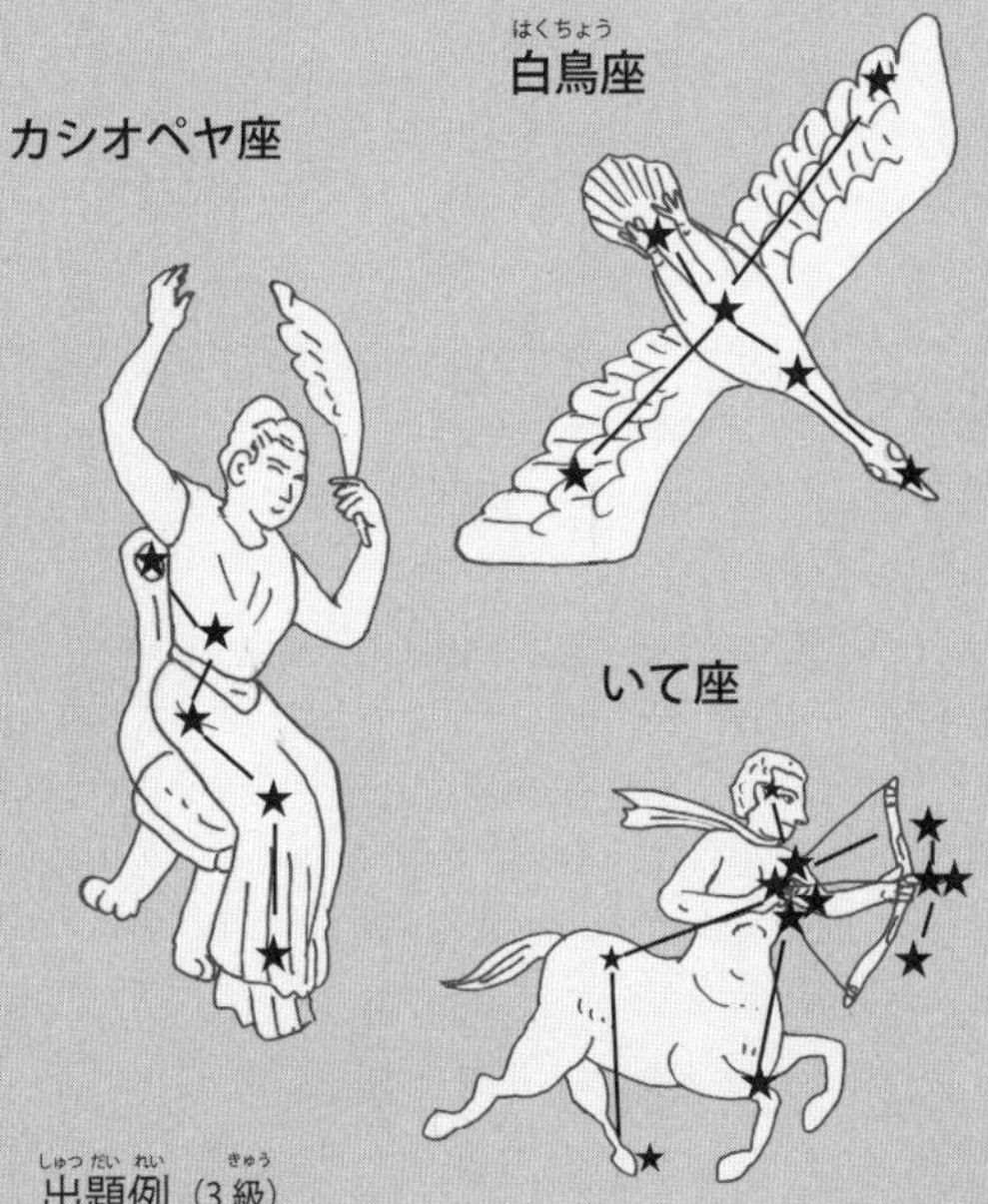

出題例《しゅつだいれい》（3級《きゅう》）

日本《にほん》で夏《なつ》の星座《せいざ》の「いて座」が 冬至《とうじ》の前後《ぜんご》の空に見《み》えない理由《りゆう》は何《なに》か。

1 そのときに南半球《みなみはんきゅう》に行《い》けば見えるから
2 太陽《たいよう》と重《かさ》なった方向《ほうこう》にあるから
3 もともと「いて座」は見えない星座だから
4 冬《ふゆ》はスモッグが発生《はっせい》しやすく、そのため
見えなくなるから

答《こた》え：2

受検資格《じゅけんしかく》：子《こ》どもから大人《おとな》までだれでも受《う》けられるが、1級《きゅう》は2級合格者《ごうかくしゃ》のみ受検できる。
受検方式《ほうしき》：会場《かいじょう》受検とオンライン受検（年齢制限《ねんれいせいげん》あり）がある。
検定試験《しけん》：4級～1級の4段階《だんかい》。マークシートで四者択一方式《よんしゃたくいつほうしき》で出題《しゅつだい》。
学習方法《がくしゅうほうほう》：4級～2級は公式《こうしき》のテキストと問題集《もんだいしゅう》が、1級には参考書《さんこうしょ》と問題集がある。
検定料《りょう》：4級の4,400円～1級の6,700円
主催《しゅさい》：(一社《いっしゃ》) 天文《てんもん》宇宙教育振興協会《きょういくしんこうきょうかい》
協力《きょうりょく》：天文宇宙検定委員会《てんもんうちゅうけんていいいんかい》 （株）恒星社厚生閣《こうせいしゃこうせいかく》

（一社）は一般社団法人《いっぱんしゃだんほうじん》の略《りゃく》

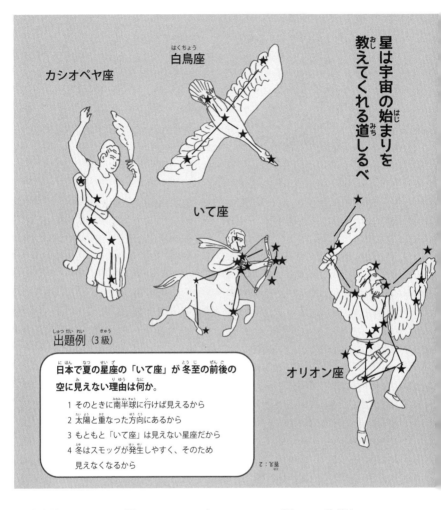

声《せい》優《ゆう》能《のう》力《りょく》検定

声優《せいゆう》になって いろいろな キャラクターを 演《えん》じてみたい

わたしは アリリン
みんなを たすけにきたよ
アリリン パワー！

アニメのキャラクターの声《こえ》をやってみたい。
外国映画《がいこくえいが》やドラマの俳優《はいゆう》の声もいいな。
テレビやラジオのコマーシャルはむずかしい？
声優《せいゆう》になるためには、いろいろな分野《ぶんや》の実技試験《じつぎしけん》がだいじ。
まずは滑舌《かつぜつ》（話《はな》す言葉《ことば》や発音《はつおん》をはっきり滑《なめ》らかにすること）。
さあ、朗読《ろうどく》やナレーション、アナウンス、ドラマなど、
さまざまな検定に挑戦《ちょうせん》してみましょう。

アニメキャラクターの声

ドラマの時代《じだい》に合《あ》ったセリフ

ゆかいな動物《どうぶつ》になりきる！

声優《せいゆう》の基本《きほん》は、まずは滑舌《かつぜつ》！
相手《あいて》に話《はなし》をうまく伝《つた》えるために
滑舌をれんしゅうしよう！

アナウンス

できごとをわかりやすく正確に伝える

声優といっても いろいろ

声優能力検定サイト

ナレーション

物語《ものがたり》を語《かた》ったり、なにが起《お》きているかを説明《せつめい》し、作品《さくひん》に命《いのち》を吹《ふ》きこむ

朗《ろう》読《どく》

聞《き》き手《て》に本《ほん》の中《なか》の世界《せかい》をわかりやすく、心《こころ》に響《ひび》くように伝《つた》える

ドラマ

台本《だいほん》に応《おう》じて豊《ゆた》かな感情表現《かんじょうひょうげん》が求《もと》められる

出題例《しゅつだいれい》（3級《きゅう》）

次《つぎ》のハンス・クリスチャン・アンデルセンの「裸《はだか》の王様《おうさま》」を指示《しじ》に従《したが》い2分程度《ふんていど》で朗読して下さい。

指示1　「さぎ師《し》と大臣達《だいじんたち》」の会話《かいわ》を使《つか》い分《わ》けて下《くだ》さい。

指示2　さぎ師の軽妙《けいみょう》な口調《くちょう》と、大臣たちのお世辞《せじ》が本当《ほんとう》らしく伝わるように朗読して下さい。

受検資格：小学生から大人まで、だれでも受検できる。

検定試験：1級～5級までの5段階。プロの人でも受けているよ。

受検内容：課題《かだい》は、滑舌・声の使い分《わ》け・朗読・ナレーション・ドラマなどで、スマートフォンに録音《ろくおん》し、それを検定してもらう。

学習方法：講座《こうざ》が開講《かいこう》されている。

合格者《ごうかくしゃ》：認定証書《にんていしょうしょ》が渡《わた》される。

検定料：5級の4,400円～1級の16,500円

主催：日本声優能力検定協会

野《や》菜《さい》ソムリエ

野菜のことをたくさん知って健《けん》康《こう》に生《い》かそう

ソムリエとは、飲《いん》食《しょく》に関《かん》するあらゆる知《ち》識《しき》と能《のう》力《りょく》をもつプロフェッショナルのこと。
さあきみたちも、野菜や果物《くだもの》のはば広《ひろ》い知識を身《み》につけて、野菜博士《はかせ》になろう！
野菜や果物の目《め》利《き》きはもちろん、栄《えい》養《よう》価《か》、調《ちょう》理《り》法《ほう》などを学《まな》び、まわりの人に広めることができたら、とっても楽《たの》しいよね？

まずは
野菜の育《そだ》つ環境《かんきょう》を
学《まな》ぼう！

日当《ひあ》たり、風《かぜ》とおし、水《みず》はけが
野菜作《づく》りの三大条件《だいじょうけん》！

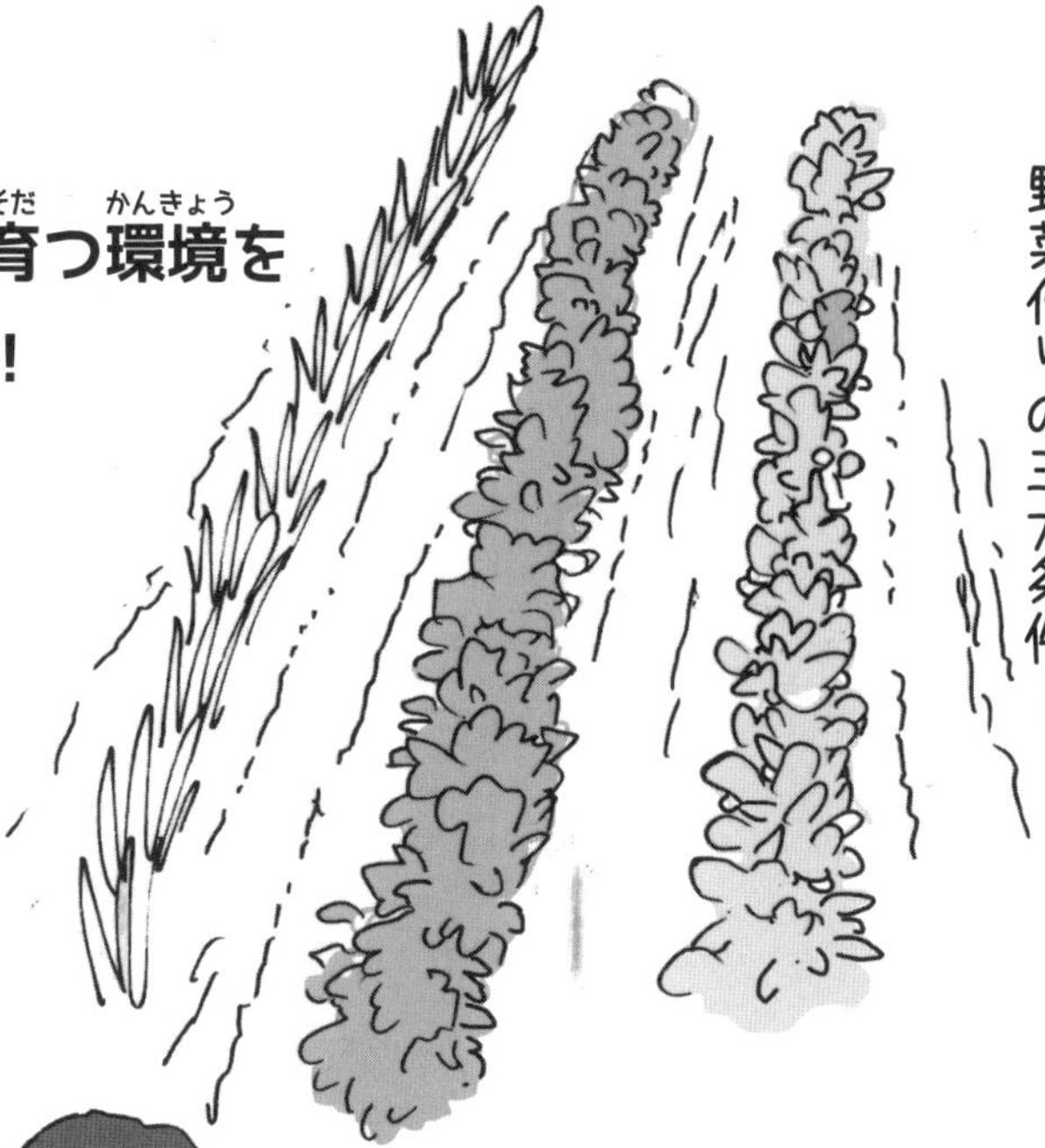

小《ちい》さいころから野菜に興味《きょうみ》をもったO《オー》君《くん》は、
どんなところにでも足《あし》をむけ、
どんなことにも確《たし》かな裏《うら》づけをとり、
10歳《さい》で野菜ソムリエプロに合格しました。

野菜や果物の旬《しゅん》※を
知ることがだいじ！

※旬：味《あじ》がもっとも良いとき

ソムリエコースのほか
プロコースもあるよ

こんな子におすすめ！

- 野菜に興味《きょうみ》がある
- もっと野菜について知りたい
- 自分《じぶん》の食生活《しょくせいかつ》を見直《みなお》したい
- 家族《かぞく》や友達《ともだち》の役《やく》に立《た》ちたい
- いろんな人に野菜について知らせたい

野菜をおいしくいただくコツ

- 旬を知る
- 鮮度《せんど》を見分ける
- 栄養分を知る
- 野菜のレシピを学ぶ

野菜ソムリエサイト

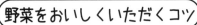

問題例

1、さつまいもの正《ただ》しい保存方法《ほぞんほうほう》はどれ？

A 新聞《しんぶん》で巻《ま》いて常温《じょうおん》で保存

B 新聞で巻いて冷蔵庫《れいぞうこ》に保存

C ラップで巻いて冷蔵庫に保存

2、JAS《ジャス》法とは？（　）内《ない》を埋《う》めよ

「農林物質《のうりんぶっしつ》の規格化及《きかくかおよ》び（　）の適正化《てきせいか》に関《かん》する法律《ほうりつ》」とは何《なに》？

3、じゃがいもの正しい保存方法は？

A しょうがを一緒《いっしょ》に入《い》れる

B りんごを一緒に入れる

C たまねぎを一緒に入れる

問1 答：A

問2 答：品質表示《ひんしつひょうじ》

問3 答：B

野菜ソムリエ：日本野菜ソムリエ協会が認定《にんてい》する民間《みんかん》資格。

野菜ソムリエの資格：野菜ソムリエ・野菜ソムリエプロ・野菜ソムリエ上級《じょうきゅう》プロの3種類《しゅるい》。

受験資格：野菜ソムリエはだれでも受験できる。

野菜ソムリエプロは、野菜ソムリエの資格をもっていることが必要《ひつよう》。

野菜ソムリエ上級プロは、野菜ソムリエプロの資格をもっていることが必要。

資格取得《しゅとく》：野菜ソムリエ・野菜ソムリエプロとも、まずは講座《こうざ》を受講《じゅこう》し、その後《ご》、修了《しゅうりょう》試験を受ける。講座には通学制《つうがくせい》と通信《つうしん》制がある。

野菜ソムリエ上級プロ：野菜ソムリエプロの資格があることのほか、ソムリエプロとしての活動実績《かつどうじっせき》なども条件《じょうけん》となる。

受講料：野菜ソムリエは、初回《しょかい》試験料込《こ》みで 148,000 円（税込《ぜいこみ》）

野菜ソムリエプロは、初回試験料込みで 172,500 円（税込）

野菜ソムリエ上級プロは、初回試験料込みで 270,000 円（税込）

主催：（一社）日本野菜ソムリエ協会

（2024 年 10 月現在）

全《ぜん》国《こく》手《しゅ》話《わ》検《けん》定《てい》試験

手話を学んで
ろう者《しゃ》との会話《かいわ》を
楽しもう

手《て》や指《ゆび》
目《め》や表情《ひょうじょう》で
おしゃべり

ろう者は、耳《みみ》の聞《き》こえない人や耳の不自由《ふじゆう》な人のこと。
あ者は、口《くち》を使《つか》ってうまく話《はな》せない人のことをいいます。
かつては、二者《にしゃ》を合わせて ろうあ者といっていましたが、
いまはあまり使われていません。
聴覚《ちょうかく》に障害《しょうがい》があっても、トレーニングで話し言葉《ことば》を
できる人が、増《ふ》えてきたからです。
それでも、聴覚に障害のある人にとって、
一番《いちばん》のコミュニケーションの手段《しゅだん》は手話です。

手話で広がる ともだちの輪《わ》

＊手話は国《くに》や文化《ぶんか》によって違《ちが》いがあるので
国際会議《こくさいかいぎ》などでは、世界共通語《きょうつうご》である
「国際手話」が使われています。

手話は「目で見る言語《げんご》」
まずは、基本《きほん》の動作《どうさ》をおぼえて
楽しい会話

それでは…

じつは とてもわかりやすい手話

意思表示《いしひょうじ》の方法《ほうほう》

全国手話検定試験サイト

手話は、病院《びょういん》や福祉施設《ふくししせつ》などのほか
自治体《じちたい》や図書館《としょかん》、銀行《ぎんこう》など
いろいろなところで
求《もと》められているよ

これだけでも知ってると
会話ができるよ

基本のあいうえお

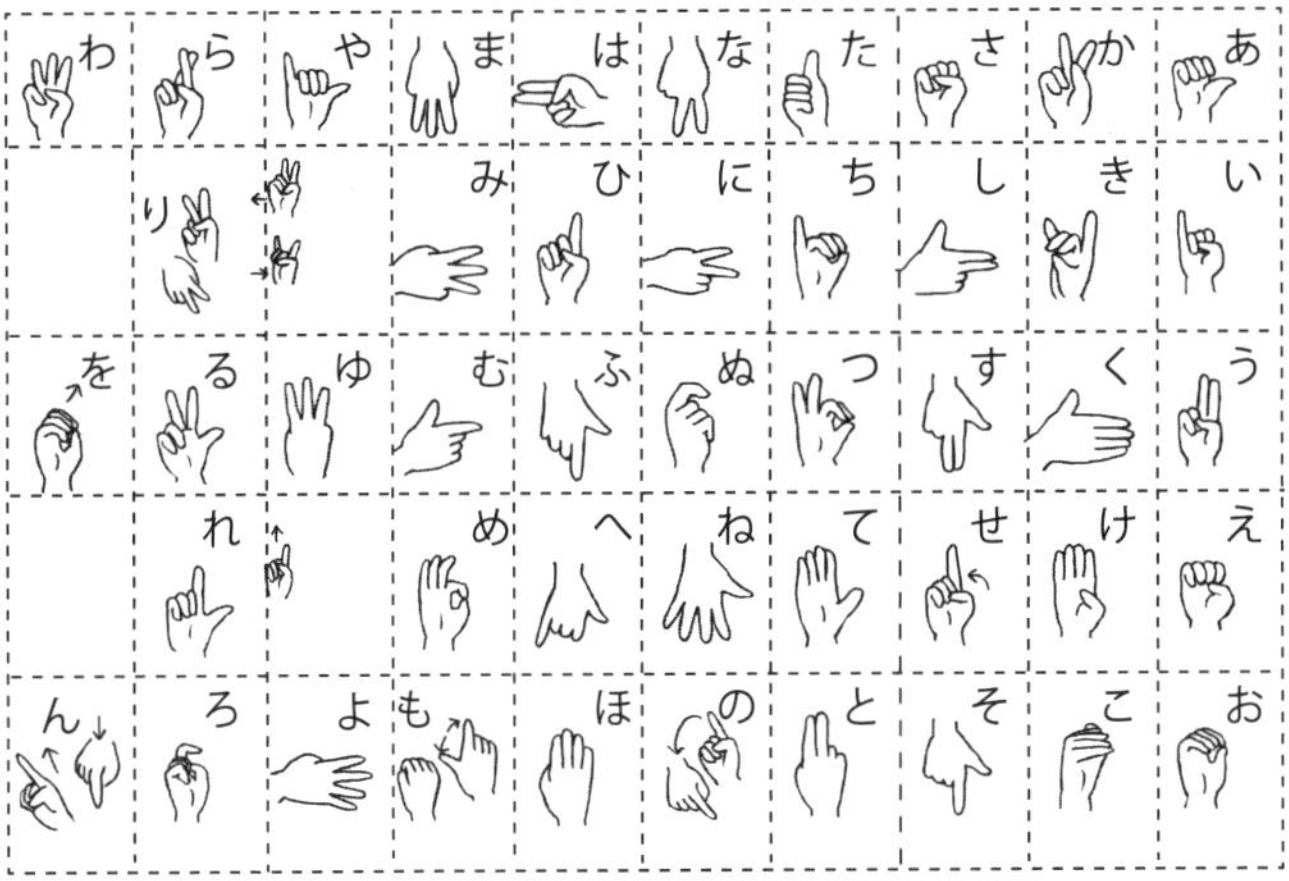

出題例

5級では、パソコンの映像《えいぞう》を見ながら、手話で相手《あいて》が何《なに》を言っているのか、聞く問題もある

この絵《え》はなんと言ってる？

答：こんにちは

手話の勉強方法：まずは、地域《ちいき》の講習会《こうしゅうかい》やサークルに参加《さんか》してみよう。
独学《どくがく》だと手や指の正確《せいかく》な動《うご》きが覚えにくいよ。

受検資格：だれでも受けられる。

検定試験：全国《ぜんこく》手話検定試験は、5級から準《じゅん》1級、1級の6段階に分かれ、会場試験とインターネット試験の二つがある。

受検料：小・中学生は、5級2,700円から1級の9,300円まで。

主催：社会福祉法人《しゃかいふくしほうじん》 全国手話研修《けんしゅう》センター

※全国手話検定試験のほか、手話技能《ぎのう》検定協会主催の**手話技能検定**もある。

日本さかな検定（ととけん）

ととけんを通《とお》して さかなの食《しょく》文《ぶん》化《か》を 再《さい》発《はっ》見《けん》！

さかなは、日本の食文化に切《き》っても切り離《はな》せないもの。
どこの地域《ちいき》に、どんなさかながすんでいるの？
旬のさかなは、なに!?
さかな博士に
ちょうせーん！

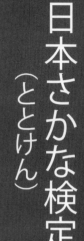

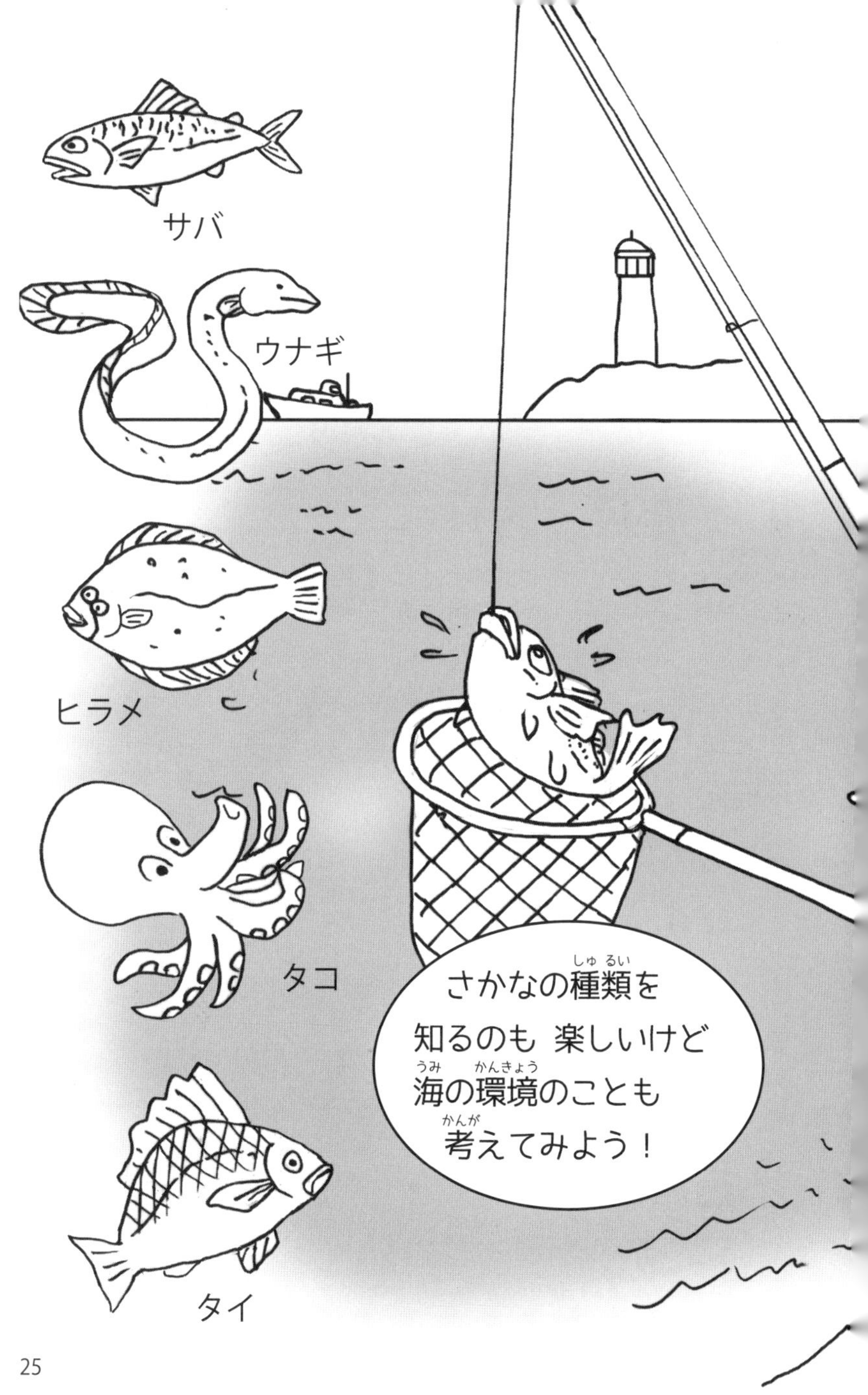
サバ
ウナギ
ヒラメ
タコ
タイ
さかなの種類《しゅるい》を
知るのも 楽しいけど
海《うみ》の環境《かんきょう》のことも
考《かんが》えてみよう！

食卓《しょくたく》にならんだいろいろなさかな。
さしみ、焼《や》き魚《ざかな》、煮《に》魚…。
おいしいさかなで
たくさんの料理《りょうり》を楽しもう！

秋

サンマ姿《すがた》焼き

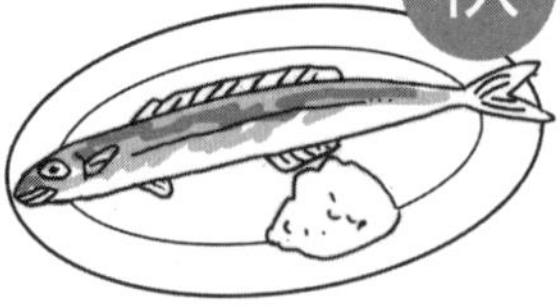

夏

イワシのつみれ汁《じる》

夏

しらすおろし

サバ味噌《みそ》

春

魚のあら汁

タイの煮こみ

冬

ブリ大根《だいこん》

海がきれいになるのは
わたしたちの願《ねが》い

日本さかな検定サイト

出題例

伊豆《いず》・稲取《いなとり》で多《おお》くとれるこの深海魚《しんかいぎょ》は、地元《じもと》の祝《いわ》い膳《ぜん》やもてなし料理に欠《か》かせません。目《め》が大きくて赤《あか》い体色《たいしょく》の白身魚《しろみざかな》で、冬に脂《あぶら》がのっておいしい魚を選《えら》びなさい。

A　カジキ　　B　アカムツ
C　キンメダイ　　D　キチジ

答 C

受検資格：だれでも受けられる。1級は2級合格者のみ受けられる。
検定試験：自宅《じたく》でできるオンライン試験と会場試験（大分県《おおいたけん》）がある。
クラスは、3級（初級）・2級（中級）・1級（上級）の3段階。
学習方法：ととけんの公式《こうしき》ガイドブックや副読本《ふくどくほん》、過去《かこ》問題集《しゅう》がある。
出題レベル：3級はさかなに親《した》しみたい人を対象《たいしょう》に出題。
2級は、さかな通《つう》を自認《じにん》する人、さかなに関《かか》わる仕事《しごと》をしている人、さかなの食文化を掘《ほ》りさげたい人を対象に出題。
1級は、さかな好《ず》きの頂点《ちょうてん》を目ざす人を対象に出題。
合格者：認定書《にんていしょ》が渡される。希望者《きぼうしゃ》には認定カードと認定名刺《めいし》（どちらも有料《ゆうりょう》）がある。
受検料：3級の5,500円～1級の8,360円。
主催：（一社）　日本さかな検定協会
後援《こうえん》：水産庁《すいさんちょう》・読売新聞社《よみうりしんぶんしゃ》・水産経済新聞社《すいさんけいざいしんぶんしゃ》・週刊《しゅうかん》つりニュース

（一社）：一般社団法人の略

恐竜《きょうりゅう》学《がく》検定

恐竜《きょうりゅう》の世界への冒険《ぼうけん》のはじまりだよ

恐竜が生まれたのは、
いまから2億《おく》3千万年《ぜんまんねん》くらい前《まえ》。
それから、1億6千万年ぐらい
恐竜の世界が続《つづ》くんだ。
そんな大昔《おおむかし》の恐竜の化石《かせき》が、
現代《げんだい》で次《つぎ》つぎと発見《はっけん》されるなんて、
なんかふしぎだよね。

プテラノドン
映画《えいが》にもよく出てくる
翼竜《よくりゅう》の一種《いっしゅ》
恐竜王国《おうこく》に
迷《まよ》いこんで
しまったぞ！
ステゴザウルス
草食恐竜。剣竜《けんりゅう》の中では最大。
トリケラトプス
草食恐竜。最大の角竜《つのりゅう》の一種。

ジュラ紀《き》 1億9900万年前～1億4500万年前

三畳《さんじょう》紀《き》 2億5100万年前～1億9900万年前

＊恐竜たちが生息《せいそく》していたと思《おも》われる時代《じだい》

プテラノドン

白亜紀の翼竜
体長は5～6ｍ

ディノニクス

大きなかぎ爪《づめ》をもつ
肉食恐竜

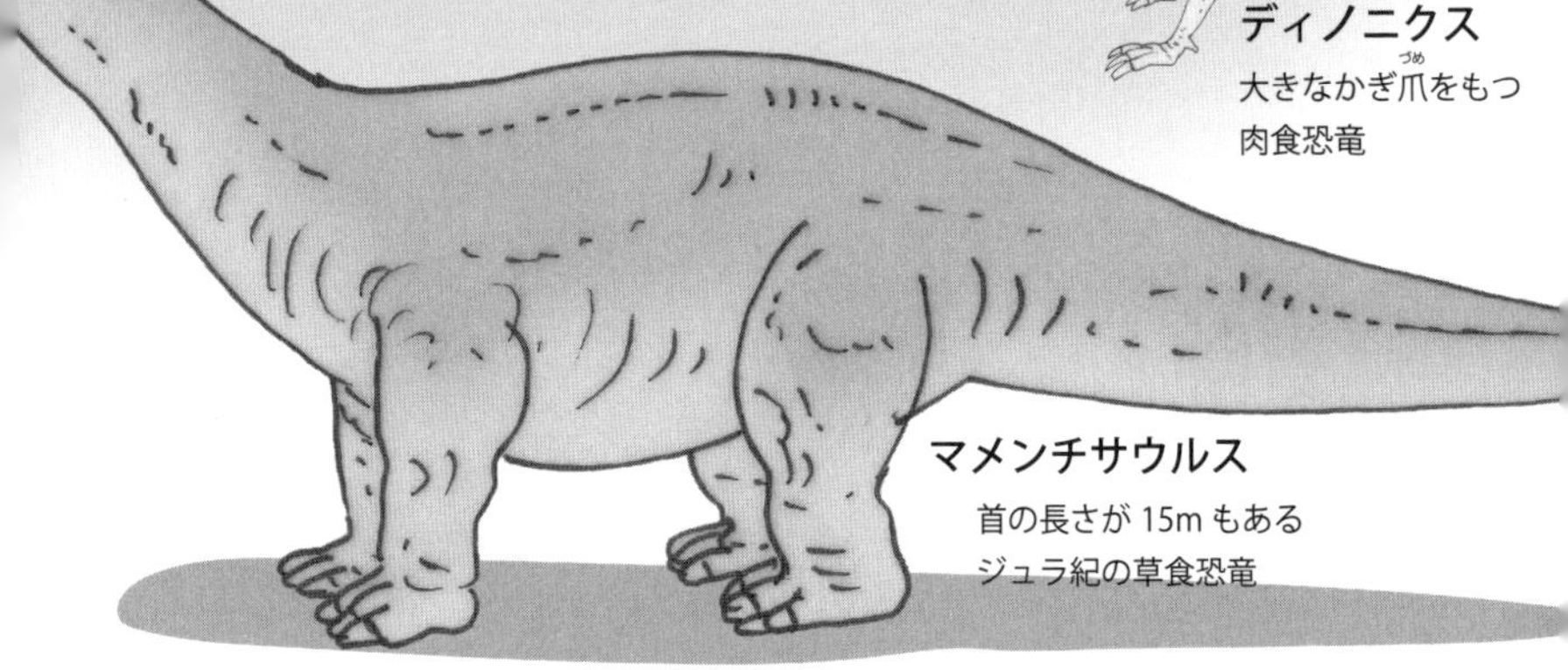

マメンチサウルス

首の長さが15mもある
ジュラ紀の草食恐竜

パラサウロロフス

大きなトサカとカモのようなくちばしをもった恐竜

テオサウルス

三畳紀の大型草食恐竜。
広い範囲《はんい》で発見されている

メガロサウルス

体長7～10mの肉食恐竜。
最初《さいしょ》に発見された恐竜の一つ

ステノプテリギウス
最大4mの魚竜《ぎょりゅう》のなかま

恐竜学検定サイト

問題例

ステゴザウルスの脳《のう》の大きさは？

1、ボウリングボール1個《こ》の大きさ
2、野球《やきゅう》ボール3個くらい
3、サッカーボール4個くらい
4、ゴルフボール2個分《ぶん》くらい

答え：4

受検資格：子どもから大人まで、だれでも受検できる。
検定試験：会場での受検とオンライン受検（パソコン・スマートフォン・タブレット）がある。現在《げんざい》は、初級・中級の2段階。親《おや》が同席《どうせき》できる見守《みまも》り受検もある。
学習方法：公式ガイドブックや参考書《さんこうしょ》などがある。
受検料：初級4,600円、中級5,800円（税込）。
合格者：合格認定証《にんていしょう》が付与《ふよ》される。
主催：恐竜学検定実行委員会《じっこういいんかい》
協力《きょうりょく》：学研《がっけん》の図鑑《ずかん》のLIVE《ライブ》
企画《きかく》・運営《うんえい》：日販《にっぱん》セグモ（株）

忍者《にんじゃ》検定

甲賀《こうか》忍者

忍者検定は、筆記試験《ひっきしけん》が中心。でも、初級に限《かぎ》り、忍者衣装《いしょう》のコスプレや手裏剣《しゅりけん》・吹《ふ》き矢《や》などの楽しい実技《じつぎ》試験もあるよ。それでは、忍者の生活《せいかつ》をのぞいてみよう。

きみも忍者になれるかな？さあチャレンジ！

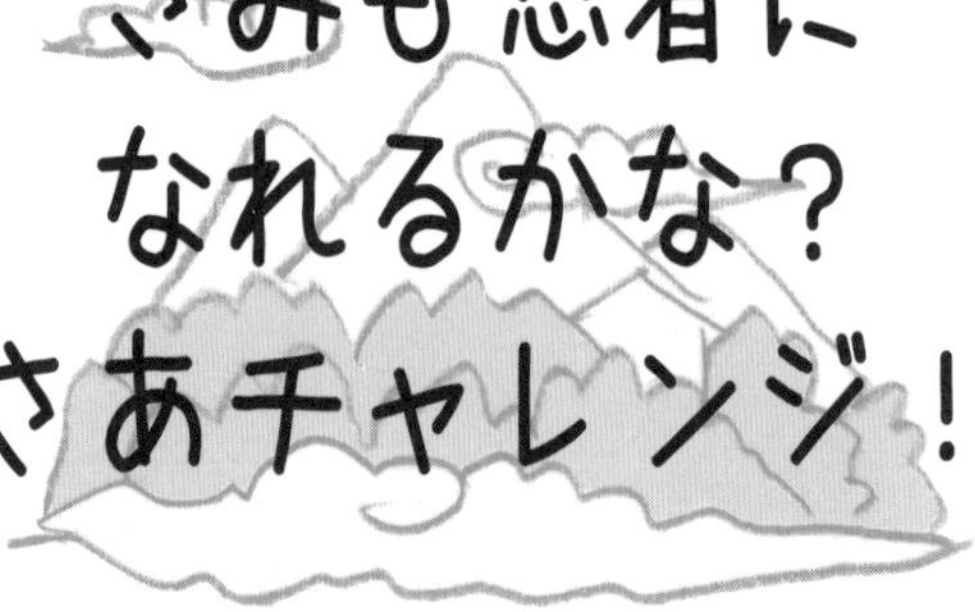

吹き矢で正確《せいかく》に射《い》止《と》める

水の上を歩く術《じゅつ》

訓練《くんれん》で強い体力《たいりょく》を身《み》につけ、速《はや》く走《はし》る！ 高《たか》く飛《と》ぶ！

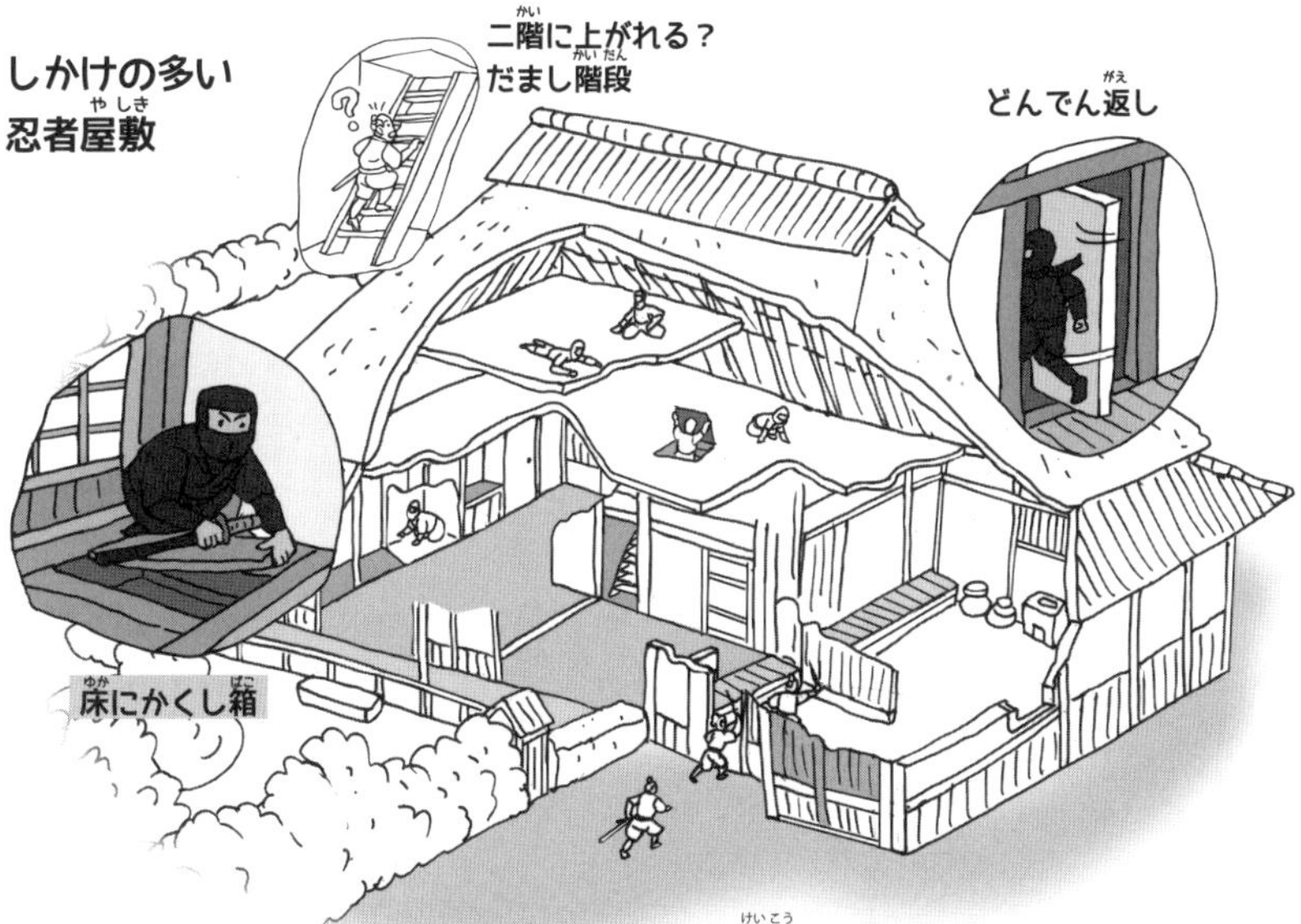

問題の傾向《けいこう》

忍者の歴史《れきし》、誕生《たんじょう》のひみつ、サバイバル術《じゅつ》、護身《ごしん》のための術、自然《しぜん》を利用《りよう》して敵《てき》をあざむく術、中には漫画《まんが》に出てくるキャラクターなども出題《しゅつだい》されるよ。

＊忍者といえば、甲賀忍者と伊賀《いが》忍者が代表格《だいひょうかく》＊

滋賀《しが》県甲賀地方《ちほう》と三重県《みえけん》伊賀地方が忍者発祥《はっしょう》の地《ち》だが、
いつの時代《じだい》に生まれたかは、鎌倉《かまくら》時代などいろいろな説《せつ》がある。
でも、忍者が大いに活躍《かつやく》するのは戦国《せんごく》時代から江戸《えど》時代前期《ぜんき》。
初代将軍《しょだいしょうぐん》・徳川家康《とくがわいえやす》は伊賀忍者、甲賀忍者とも 関係《かんけい》を持っていた。

＊忍者の役割《やくわり》＊

忍者というと、黒装束《くろしょうぞく》を着《き》て刀《かたな》や手裏剣《しゅりけん》、まきびしなどで
さまざまな忍術を使《つか》うイメージが強《つよ》いが、
実際《じっさい》は、敵《てき》の情報集《じょうほうあつ》めや主君《しゅくん》を守《まも》ることが中心《ちゅうしん》だった。
ただ、いざという時《とき》のために、厳《きび》しい修行《しゅぎょう》があったことは確《たし》かだ。

まきびし

忍者が逃《に》げるときに使《つか》う。
三角錐状《さんかくすいじょう》の先《さき》が尖《とが》ったヒシの実《み》や、鉄《てつ》で加工《かこう》したもの。

甲賀忍者は主《おも》に、織田信長《おだのぶなが》や豊臣秀吉《とよとみひでよし》につかえましたが、伊賀忍者は徳川家康の配下《はいか》となりました。

護身用《ごしんよう》のまきびし

まきびしをばらまいて逃《に》げる

山伏《やまぶし》

山で修行《しゅぎょう》する山伏に変装《へんそう》して、諸国《しょこく》の情報《じょうほう》を集《あつ》める

煙遁《えんとん》の術

火薬玉《かやくだま》を爆発《ばくはつ》させて煙《けむり》とともに逃げる

甲賀忍者検定サイト

全国《ぜんこく》の情報を集めるために変装する忍者

水《すい》とんの術《じゅつ》

水の中に身《み》を隠《かく》し息《いき》をする

出題例

忍者が仲間《なかま》との連絡《れんらく》に使った五色米《ごしきまい》の色《いろ》は、
青《あお》・赤《あか》・黄《き》・黒《くろ》色とあと一つは何《なに》色か？
①白《しろ》　②紫《むらさき》　③金《きん》　④銀《ぎん》

正解：②紫

＜甲賀忍者検定試験＞

受検資格：子どもから大人までだれでも受検できる。

検定試験：試験は、初級・中級・上級の 3 段階。中級は初級合格者、上級は中級合格者のみ受けられる。初級といっても、かなりむずかしいよ。

試験内容：会場受検で筆記試験が中心。
初級のみ忍者コスプレと手裏剣なげの実技《じつぎ》試験がある。

学習方法《がくしゅうほうほう》：参考書《さんこうしょ》などがある。

受検料：初～上級まで、各 3,000 円

主催：甲賀忍術研究会《けんきゅうかい》

後援《こうえん》：甲賀市（甲賀流《りゅう》忍者調査団《ちょうさだん》）　甲賀市観光《かんこう》まちづくり協会《きょうかい》

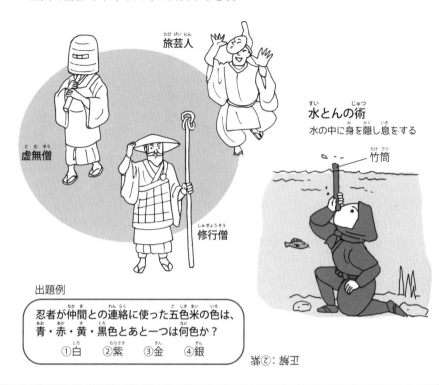

日本城郭《にほんじょうかく》検定

城《しろ》を守《まも》るために、どのように城郭《じょうかく》が配置《はいち》されたか？
城でのくらしぶりは、どうだったか？
世界にほこる文化遺産《ぶんかいさん》である日本の城を、
楽しく学んでいこう！

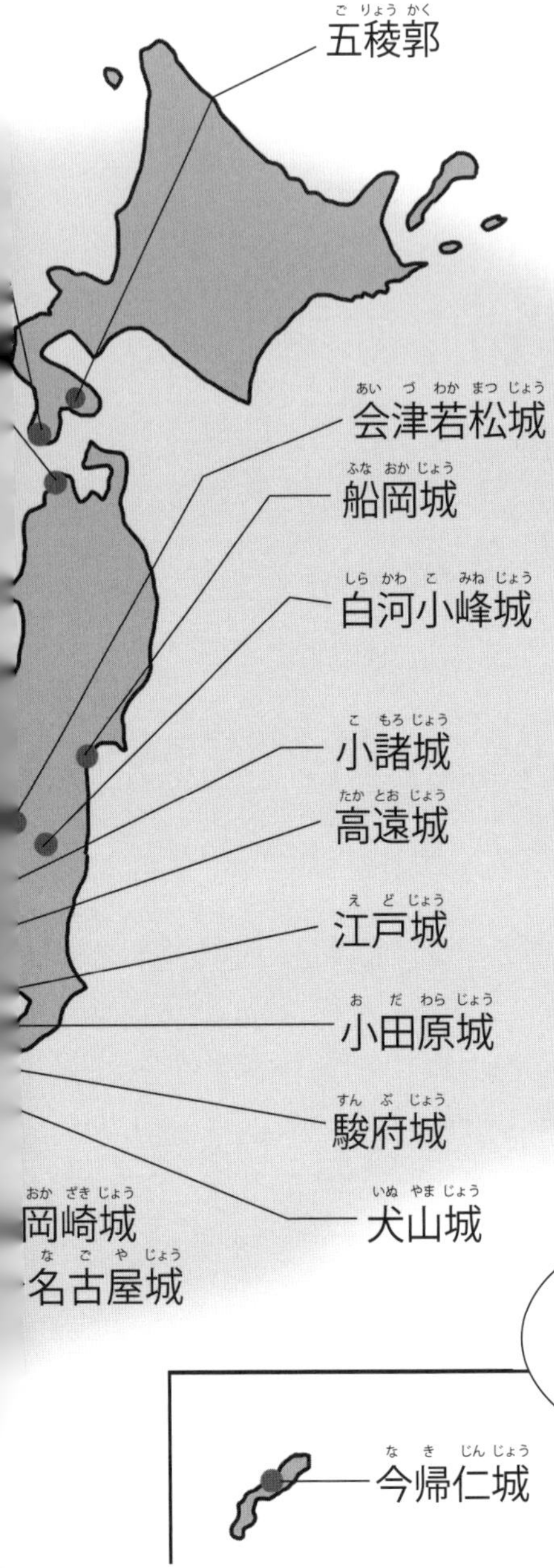

城の構《こう》造《ぞう》や歴史を学んでお殿《との》さま気《き》分《ぶん》

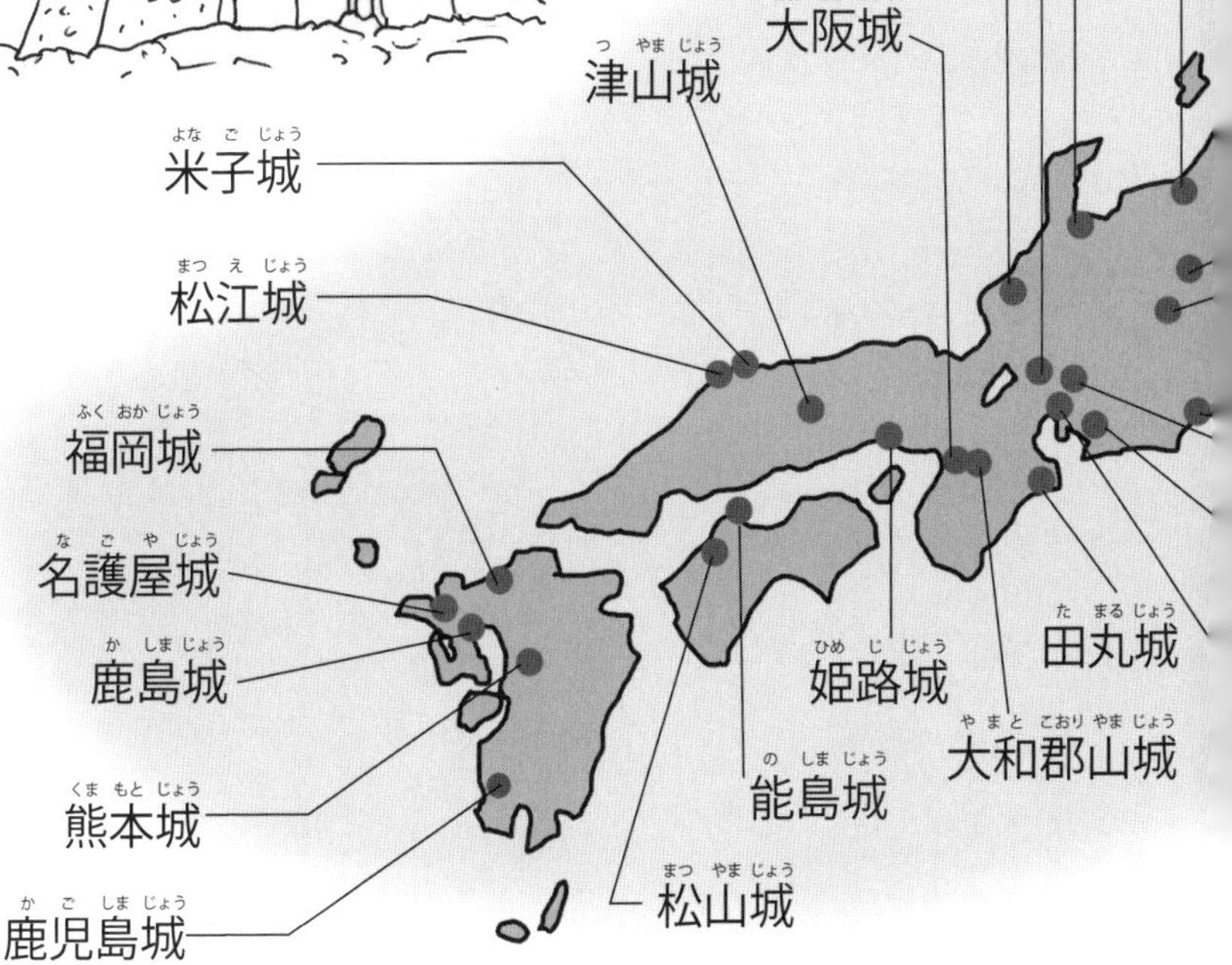

お城を見学すると、まるでタイムマシンに乗《の》った気分《きぶん》。
昔の人びとの、城造《づく》りへの知恵《ちえ》と工夫《くふう》がいっぱい！
さあ、名城《めいじょう》の奥深《おくふか》い魅力《みりょく》を学んで、
めざせ検定合格！

いま現存《げんぞん》する天守《てんしゅ》は
わずか 12 城
城めぐりをしてみよう！

敵《てき》が城に侵入《しんにゅう》してきたときに
反撃《はんげき》できるしくみが いっぱい！

日本城郭検定サイト

歴史の背景《はいけい》を学ぶ

地域《ちいき》の特性《とくせい》を知りくらしを理解《りかい》する

城建造《けんぞう》の苦労《くろう》を知る

築城技術《ちくじょうぎじゅつ》の高さを知る

殿さまや武将《ぶしょう》を知る

お城の構造やしかけを知る

出題例

沖縄の城はグスクと呼ばれるが、次の中でグスクはどれか。

1、首里城　2、丸亀城　3、安土城　4、五稜郭

答：1 首里城

受験資格：子どもから大人まで、だれでも受けられる。

試験内容：会場受験とオンライン受験（パソコンのみ）がある。
3 級から準 1 級・1 級までの 4 段階。
3 級は「日本 100 名城《めいじょう》」の知識《ちしき》が中心。
2 級以上は「続《ぞく》日本の 100 名城」の知識も必要《ひつよう》。

学習方法：城めぐりのほか、テキスト、問題集がある。

受験料：3 級の 4,700 円～ 1 級の 9,400 円まで。

主催：（公財《こうざい》）日本城郭協会　**特別《とくべつ》協力：**（株）ワン・パブリッシング

企画・運営：日販セグモ（株）

（公財）：公益財団法人の略

だしソムリエ

食《しょく》を豊《ゆた》かにする影《かげ》の主《しゅ》役《やく》

料理《りょうり》の味《あじ》を感《かん》じる味覚《みかく》には、甘味《かんみ》、酸味《さんみ》、塩味《えんみ》、苦味《にがみ》、うま味《み》があります。

これを、基本五味《きほんごみ》といいます。

そこに、かつお節《ぶし》やこんぶで取《と》った出汁《だし》を加《くわ》えることで、料理が一層《いっそう》おいしくなります。

さあ、だしソムリエの出番《でばん》です。

だしを生み出す素材《そざい》

だしソムリエの検索コード

受検資格：年齢制限《ねんれいせいげん》はない。
講座《こうざ》を受講《じゅこう》し試験に合格した者に、だしソムリエ資格が与《あた》えられる。

受検内容：ベーシック講座 (3級) ―だしの基本を学ぶ第一歩《だいいっぽ》の講座。
2級―和《わ》だしを極《きわ》めるスペシャリスト資格。
1級―和食《わしょく》、洋食《ようしょく》、中華《ちゅうか》のだしを極める最上《さいじょう》級資格。。

受講料：ベーシック―通信《つうしん》講座（オンライン）16,500円・通学《つうがく》講座 16,500円
2級― 110,000円　1級― 132,000円

修了者《しゅうりょうしゃ》：3～1級を修了した者は、認定講師養成《にんていこうしようせい》コースを受講できる。

主催：合同会社《ごうどうがいしゃ》　だしソムリエアカデミー

子ども樹木《じゅもく》博士《はかせ》認定《にんてい》

この検定は、定期的《ていきてき》に行《おこな》われてはいませんが、樹木のことを知る機会《きかい》になると思われるので、時どきサイトをのぞいてみてください！

樹木とふれあい 自然環境《かんきょう》を 楽しく学ぶ

森林《しんりん》や公園《こうえん》などを散歩《さんぽ》すると
とても気持《きも》ちいいよね。
それは、樹木がもつ自然の力《ちから》が
私《わたし》たちの心を豊かにしてくれるからなんだ。

森林ツアー

森林インストラクターから
いろいろな樹木の特徴《とくちょう》を
教えてもらえるよ

子ども樹木博士認定サイト

主催：（一社）全国森林レクリエーション協会（子ども樹木博士認定活動《かつどう》推進《すいしん》協議《きょうぎ》会）

・小グループに分かれて、インストラクターと共《とも》に森林や公園緑地《りょくち》を散策《さんさく》。

・最初《さいしょ》に模擬《もぎ》テストがあり、その後《ご》、樹木の標本《ひょうほん》を見て名前の識別《しきべつ》テスト。

・合格者には、認定書がわたされる。認定基準《きじゅん》は、10 級から最高の 4 段まで 14 段階。

そのほかに、(独《どく》) 森林総合《そうごう》研究所《けんきゅうじょ》の 30 種類《しゅるい》の樹木を覚える「子ども樹木博士認定」試験や東京《とうきょう》大学演習林《えんしゅうりん》、東京農工《のうこう》大学で行われる認定試験もあるよ。

(独)：独立行政法人《どくりつぎょうせいほうじん》の略《りゃく》

ドローン検定

空に自分の願《ねが》いをのせて飛《と》ばしてみよう

無人航空機《むじんこうくうき》ドローンは、空中撮影《くうちゅうさつえい》や気象観測《きしょうかんそく》、橋《はし》や発電所《はつでんしょ》の安全点検《てんけん》、薬《くすり》の運搬《うんぱん》など活躍《かつやく》の場《ば》をどんどん広げている。

でも、戦争《せんそう》の武器《ぶき》にはしたくないよね。

どんな景色《けしき》が
見られるか
ワクワクする！

大空にも
大地にも
手がとどかないところにも
せまいすきまにも
救助《きゅうじょ》現場《げんば》にも！

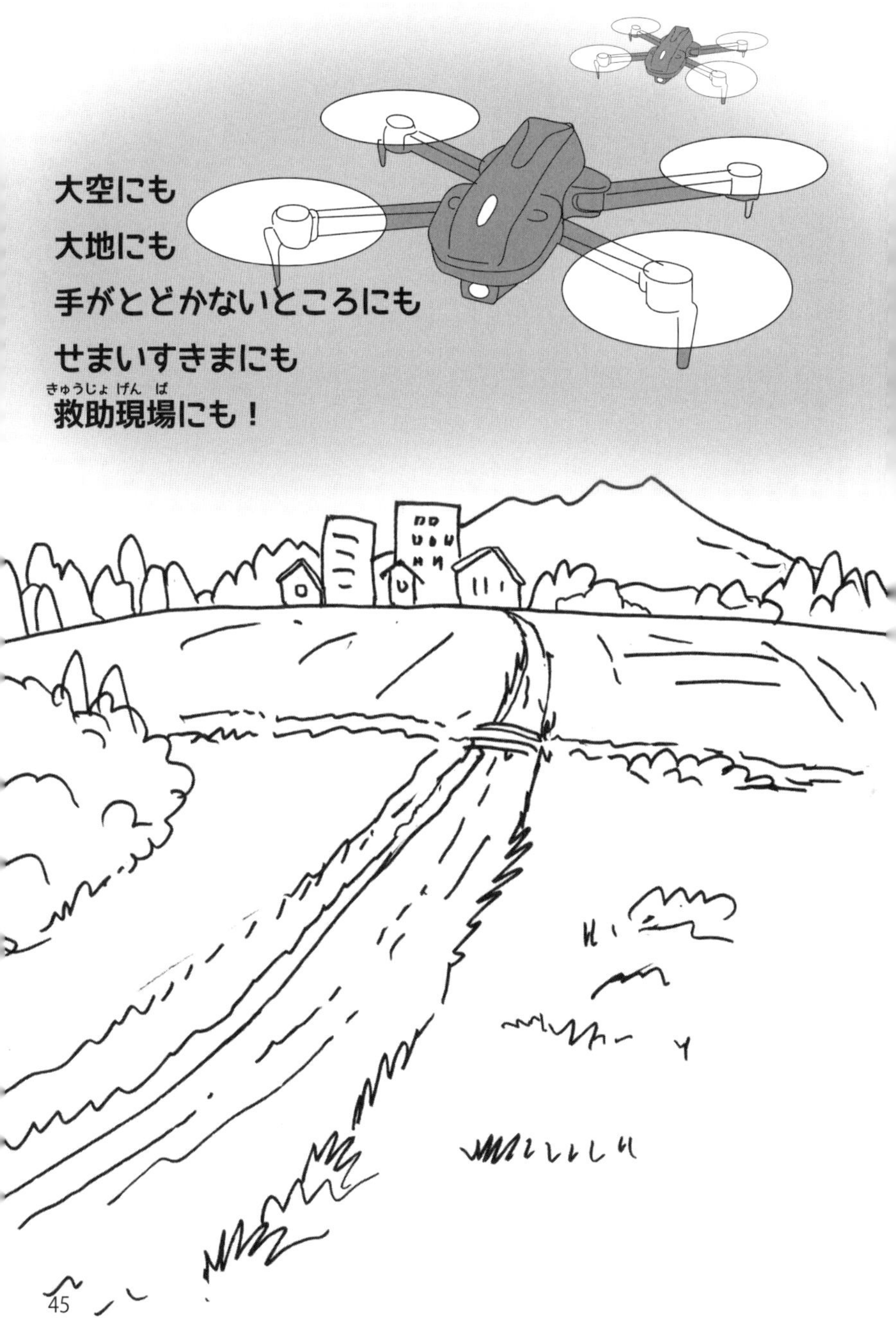

ドローン検定サイト

ドローン検定は「基礎知識《きそちしき》」「物理学《ぶつりがく》」「工学《こうがく》」「気象《きしょう》」「専門《せんもん》知識」「法令《ほうれい》」の6つの項目《こうもく》に分かれているよ。

すべてが筆記《ひっき》試験だから、がんばって！

建物《たてもの》や橋《はし》などの観察点検《かんさつてんけん》
ゲーム飛行《ひこう》
大型配送《おおがたはいそう》
高度《こうど》からの撮影《さつえい》
施設《しせつ》の警備《けいび》
ドローンショー

いろいろなタイプのドローンが
さまざまな働《はたら》きをしているね

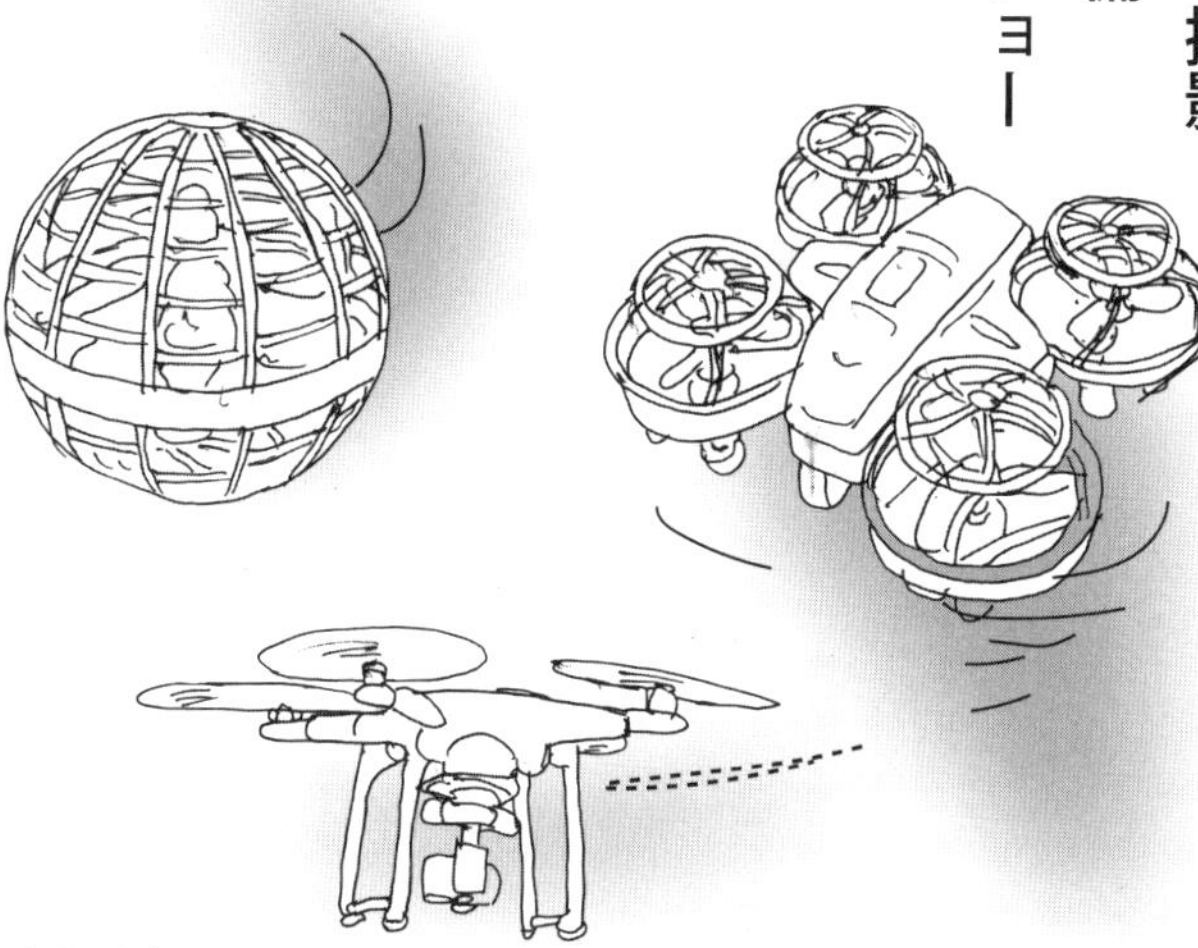

出題例

ヘキサコプターのローターの数《かず》を答えなさい

答：6個

受検資格：4級、3級はだれでも受けられる。2級は3級に、1級は2級に合格していることが条件《じょうけん》。2022年から国家《こっか》資格認定が開始《かいし》され、この民間《みんかん》資格がとても重要《じゅうよう》になってきている。

受検内容：4級から1級までの4段階。

受検日：試験は、会場試験のみ年間《ねんかん》6回《かい》あり、すべてが筆記《ひっき》試験。

受検料：4級の3,200円～1級の18,800円。

主催：ドローン検定協会株式会社

ドローン操縦士《そうじゅうし》になりたい人は、全国のドローン教習所《きょうしゅうじょ》で基礎技能講習《きそぎのうこうしゅう》と応用《おうよう》技能講習を修了《しゅうりょう》すると、**「ドローン操縦士」としての資格が認定される。**

気《き》象《しょう》予《よ》報《ほう》士《し》資格

異《い》常《じょう》気象が続《つづ》くいま
毎《まい》日《にち》の気象予報は
欠《か》かせない情《じょう》報《ほう》！

地球環境《ちきゅうかんきょう》を知る手がかりにもなる気象予報は
とてもだいじな情報。
しかも、天気《てんき》予報は、私《わたし》たちの生活から農業《のうぎょう》、
漁業《ぎょぎょう》、レジャー、スポーツなど、
あらゆるジャンルに影響《えいきょう》を与《あた》えます。
そんな大切《たいせつ》な仕事《しごと》 気象予報士の資格に
挑戦してみない？

偏西風《へんせいふう》：緯度《いど》が約《やく》35〜65度の地域《ちいき》で西《にし》から東《ひがし》に向《む》かって吹《ふ》く風《かぜ》。

貿易風《ぼうえきふう》：緯度30度付近《ふきん》から赤道《せきどう》に向《む》かって、安定《あんてい》して吹く風。

気象予報士は
さまざまな要素《ようそ》を総合的《そうごうてき》に
判断《はんだん》して天気を予想《よそう》しているよ

低《てい》は低気圧、
高《こう》は高気圧のこと。

前線：前線には、温暖《おんだん》前線、寒冷前線、停滞《ていたい》前線、閉塞《へいそく》前線の 4 種類《しゅるい》がある。

気象予報士試験の過去問題
（気象業務支援センター HP 参照）

気象予報士検定サイト
（気象業務支援センター HP 参照）

天気図《てんきず》の記号例《きごうれい》

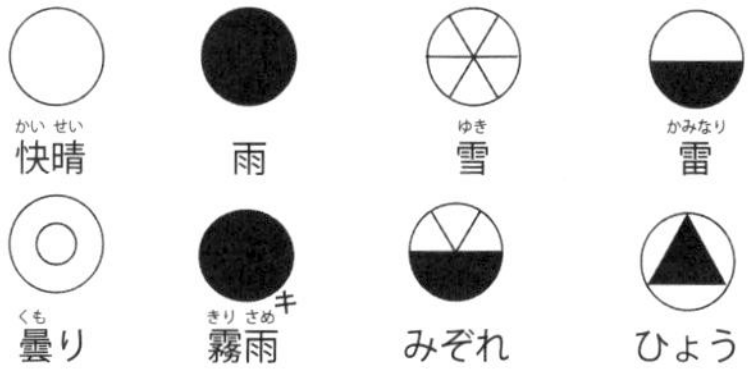

（goo 辞典：天気記号　参照）

出題例

気圧の平均的《へいきんてき》な高度分布《こうどぶんぷ》は、地上《ちじょう》(高度 0km《キロメートル》) で 1000hPa《ヘクトパスカル》、高度約 5km で 500hPa、約 10km で 250hPa、約 15km で 125hPa というように、ほぼ一定《いってい》の高度間隔《かんかく》ごとに一定の比率《ひりつ》で減少《げんしょう》している。このとき大気全体《たいきぜんたい》の質量《しつりょう》の 99.9% が含《ふく》まれる地上からの平均的な高度として最《もっと》も適切《てきせつ》なものを、下記《かき》の①～⑤の中から 1 つ選《えら》べ。

1、約 24km
2、約 32km
3、約 48km
4、約 64km
5、約 96km

出典（気象業務支援センター HP 参照）
(令和 3 年 8 月　学科一般試験　第 56 回　問題 1　大気の高度分布)

答：3

受検資格：だれでも受検できる。
試験はかなりむずかしいけれど、小学生、中学生でも合格している。

試験内容：学科《がっか》試験と実技《じつぎ》試験がある。学科試験は予報業務《ぎょうむ》の一般知識《いっぱんちしき》と専門《せんもん》知識。
実技試験は気象予報や台風《たいふう》などの緊急対応《きんきゅうたいおう》を文章《ぶんしょう》や図表《ずひょう》で解答《かいとう》。
学科試験に合格しないと、実技試験は採点《さいてん》されない。

受検料：全科目《かもく》受検 11,400 円／学科 1 科目免除《めんじょ》 10,400 円／学科 2 科目免除 9,400 円

合格率：4～6%《パーセント》と、超難関《ちょうなんかん》。

主催：（一財）気象業務支援《ぎょうむしえん》センター

（一財）：一般財団法人の略

時《と》計《けい》修《しゅう》理《り》技《ぎ》能《のう》士《し》

未来《みらい》に向けたチャレンジ技能

時《とき》は金《かね》なり
時に人生《じんせい》あり
時計修理技能士は
国家《こっか》資格

アンティークな時計を見ると ワクワクしない？
わたしたちの人生は、常《つね》に時間《じかん》と背《せ》中《なか》合《あ》わせ。
だから、時間をたいせつにしましょう。
そんなたいせつな時を知らせる時計の修理士に、
将来《しょうらい》なってみませんか⁉

ストップウオッチ

壁時計

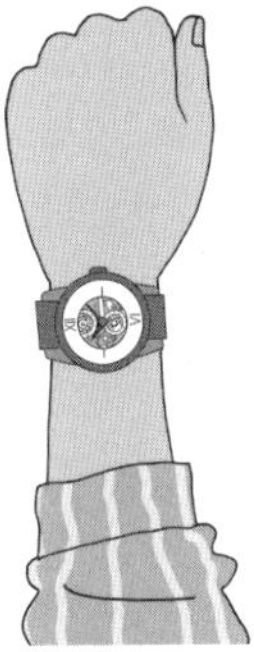

腕《うで》時計

さまざまな時計

時計には、大きく分けて2種類《しゅるい》ある。
手《て》巻《ま》きや自動《じどう》巻きの**機械式**《きかいしき》と、
電池《でんち》で動《うご》かす**クォーツ式**だ。
振《ふ》り子のついた柱《はしら》時計に
壁《かべ》時計、置《お》き時計など
時計の種類もいろいろだね。

時計の中のしくみ

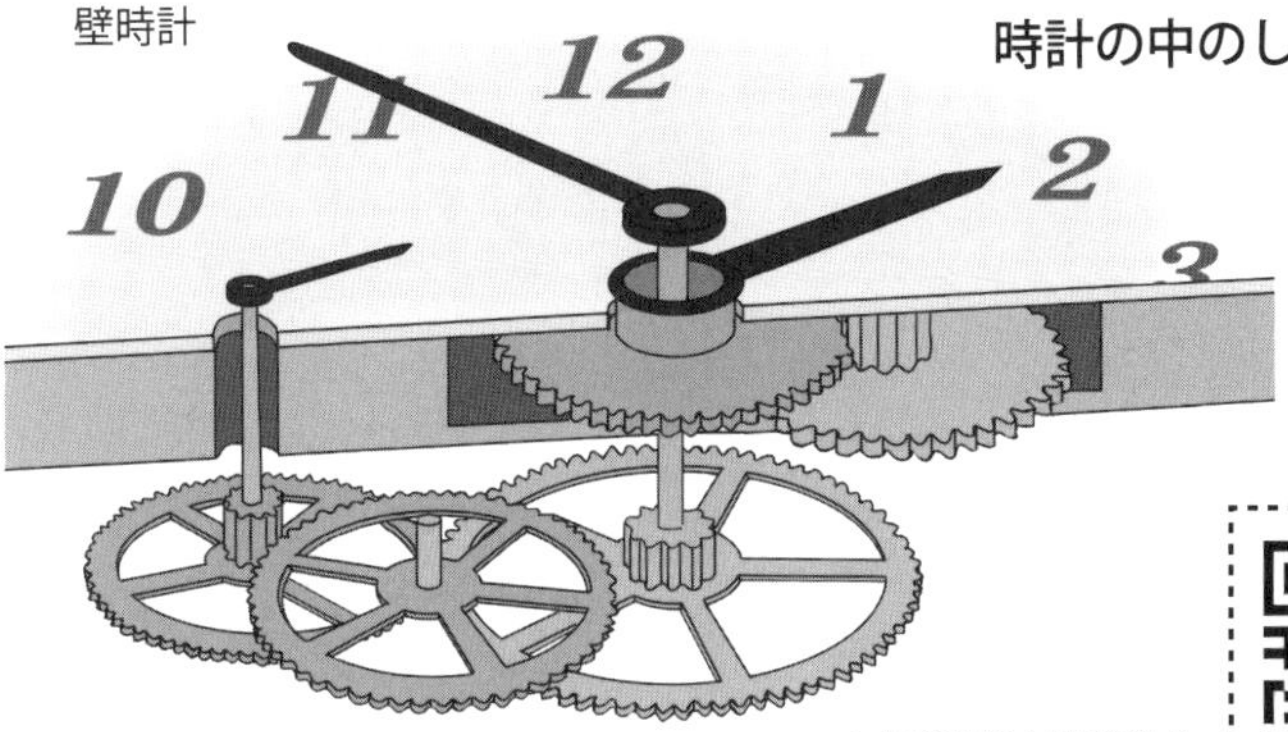

中央職業能力開発協会
サイト

・時計修理技能士は、時計修理に関する唯一《ゆいいつ》の国家資格で、中央職業能力開発《ちゅうおうしょくぎょうのうりょくかいはつ》協会が問題を作《つく》り、各都道府県《かくとどうふけん》が試験を行っています。

受検資格：3級から1級の3段階で、3級は6ヶ月ぐらいの実務経験《じつむけいけん》が必要《ひつよう》。
2級は2年以上、1級は7年以上の実務経験が必要。

試験内容：学科試験と実技試験。学科試験の学習は、問題集を参考《さんこう》に。

受検料：実技試験料・実費手数料《じっぴてすうりょう》・学科受検料があるので、年度《ねんど》で変《か》わる可能性《かのうせい》あり。

合格者：合格証書が、1級は厚生労働大臣名《こうせいろうどうだいじんめい》で、2・3級は都道府県知事《ちじ》名で交付《こうふ》される。

主催：受検についての詳細は、都道府県職業能力開発協会へお問い合わせください。

買《か》い物《もの》で暗算《あんざん》できればとても便利《べんり》！

足《た》し算《ざん》、ひき算、かけ算、わり算、
みとり算、暗算……。
慎重《しんちょう》さ、ひらめき、記憶力《きおくりょく》、観察力《かんさつりょく》を
使《つか》って、いざ珠算《しゅざん》・暗算検定！

・**日本珠算連盟《れんめい》**と**日本商工会議所《しょうこうかいぎしょ》**が協同《きょうどう》で検定試験を行っている。

珠算能力《のうりょく》検定試験：10 級～準《じゅん》3 級・準 2 級・準 1 級を含《ふく》めて 1 級まで 13 段階。

暗算能力検定試験：珠算と同じ 13 段階。

段位認定《だんいにんてい》試験（日本珠算連盟主催）：珠算・暗算とも、準初《しょ》段・準 2 段・準 3 段を含む 10 段までの 13 段階。

学習方法：各級、各段とも、検定試験問題見本がある。

受検料：1,000 円から 3,500 円ぐらい。

※そのほかに、**全国珠算教育連盟**主催の検定試験（15～1 級・初段～10 段）もある。

そろばん検定サイト

音楽《おんがく》技能検定

音楽は心を豊《ゆた》かにする生涯《しょうがい》のパートナー

音楽の初心者《しょしんしゃ》からエキスパートまで、
試験にチャンレンジ！
音楽の楽しさを理解《りかい》し、
音楽の可能性《かのうせい》を広めよう！

音楽技能検定（一社　日本音楽協会）

検定内容：実技試験と学科試験がある。10 級～1 級までの10 段階。ピアノ部門《ぶもん》のほか、2025 年からヴァイオリン、フルート部門もスタート。

受検料：実技は 6,500 円～、学科は 7,500 円～。

音楽能力検定（一社　日本音楽能力検定協会）

検定内容：ボーカル・ギター・ピアノ・ドラム・ヴァイオリン・三味線《さみせん》・楽譜《がくふ》読み書きなど 12 検定。

全《すべ》ての部門が 5 級～1 級の 5 段階のほか、実技のみの特別《とくべつ》級がある。

受検料：3,300 円～7,700 円。

音楽技能検定サイト

チョコレート検定

チョコレートの原料《げんりょう》となるカカオの知識《ちしき》、
チョコレートの原料の作り方、
チョコレートをとりまく さまざまな話《はなし》。
めざせ！
チョコレート検定！

チョコレート大すき人間集まれー！

カカオベルト

カカオの生育《せいいく》に適《てき》した土壌《どじょう》と温暖《おんだん》な気候《きこう》の地帯《ちたい》。
赤道《せきどう》の南北《なんぼく》20度《ど》の地域《ちいき》。

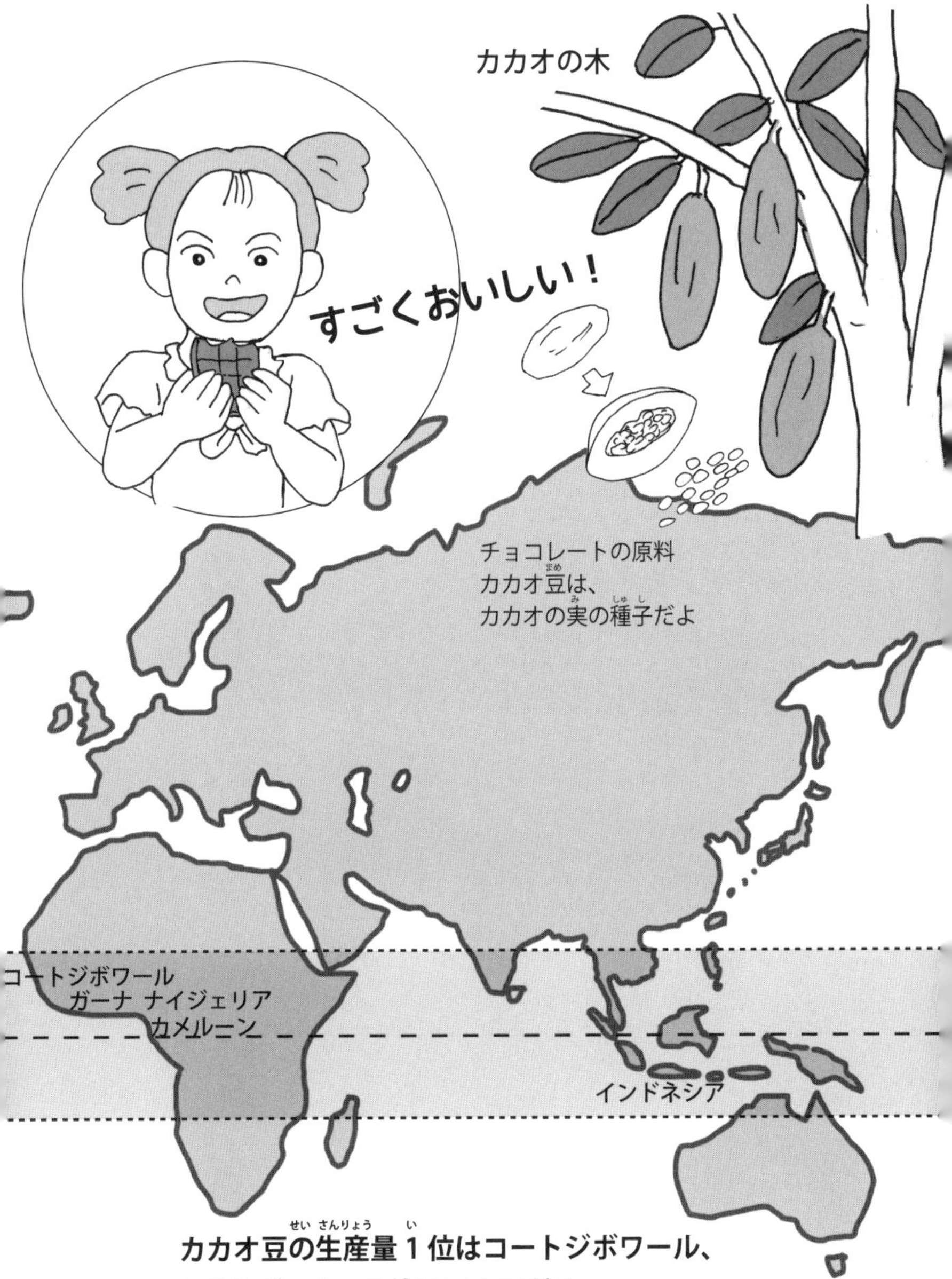

カカオ豆の生産量《せいさんりょう》 1 位《い》はコートジボワール、
2 位はガーナ、3 位はエクアドル、
4 位がカメルーン、5 位がナイジェリアだ。

［国際ココア機関 (ICCO) カカオ統計 2023/24 第 2 刊］より

チョコレートのおいしいメニュー

チョコレートパフェ

チョコクッキー

ホットチョコ

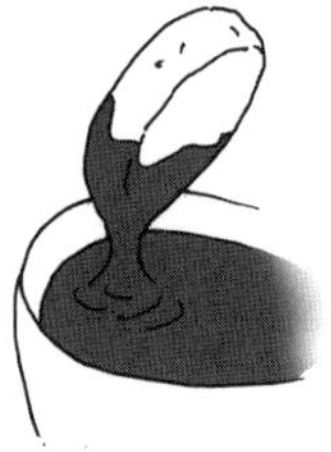

チョコデップ

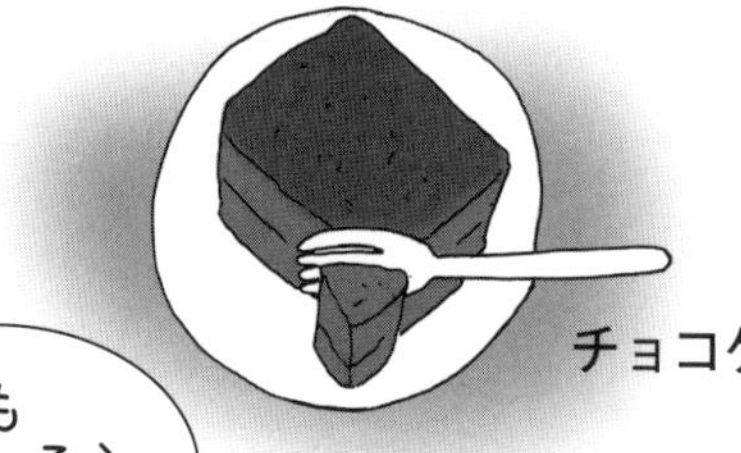

チョコケーキ

どれも
おいしそう
でしょ？

チョコレート検定サイト

チョコレートの製造工程《せいぞうこうてい》

カカオ豆の輸入《ゆにゅう》 ⋯⋯ 選別《せんべつ》・ロースト ⋯⋯ 皮《かわ》をむく ⋯⋯ すりつぶす ⋯⋯ まぜる ⋯⋯ 練《ね》り上げる ⋯⋯ テンパリング・湿度調節《しつどちょうせつ》 ⋯⋯ 成形《せいけい》 ⋯⋯◀ 冷《ひ》やし・完成《かんせい》

●ここが検定のポイント

- カカオとの出会《であ》いの歴史
- カカオ豆の知識《ちしき》
- チョコレートのさまざまな知識
- チョコレートの世界史《せかいし》・日本史
- チョコレートと健康《けんこう》

出題例

一般的《いっぱんてき》にココアパウダー、砂糖《さとう》、乳製品《にゅうせいひん》を配合《はいごう》して作《つく》られたチョコレートはどれですか？

1. 高カカオチョコレート
2. スイートチョコレート
3. ミルクチョコレート
4. ホワイトチョコレート

答え：4

受検資格：だれでも受検できる。

受検方法：オンライン検定（CBT 方式）。
上級の二次《じ》試験は、東京《とうきょう》・大阪《おおさか》の会場でテイスティング試験（筆記《ひっき》）。

受検内容：チョコレートスペシャリスト（初級）
チョコレートエキスパート（中級）
チョコレートプロフェッシュナル（上級）

学習方法：公式テキストなど。

主催：（株）明治《めいじ》チョコレート検定委員会　**企画・運営：**日販セグモ（株）

栄養《えいよう》と調理《ちょうり》技能《ぎのう》検定

家庭料理《かていりょうり》技能検定の名称《めいしょう》を変更《へんこう》しました

「食《しょく》と栄養《えいよう》」はヒトが生きていく上での基本《きほん》。この検定で、食を学び、健康《けんこう》について考えてみませんか？

家庭料理が自分のからだを作っているんだね

食《た》べ物《もの》は

- **ヒトのエネルギー源《げん》になり**
- **体《からだ》をつくってくれる（骨《ほね》、血液《けつえき》、筋肉《きんにく》）**
- **体の調子《ちょうし》を整《ととの》えてくれる**

まずは 料理の３大栄養素《えいようそ》を知る

タンパク質《しつ》　炭水化物《たんすいかぶつ》　脂質《ししつ》

タンパク質：タンパク質をとるとアミノ酸《さん》に分解《ぶんかい》され、筋肉《きんにく》や内臓《ないぞう》などヒトの体を構成《こうせい》するだいじな材料《ざいりょう》となる。タンパク質を多くふくむ食べ物は、肉《にく》や魚介類《ぎょかいるい》、大豆《だいず》、卵《たまご》、乳製品《にゅうせいひん》など。

炭水化物：エネルギーになる糖質《とうしつ》と、エネルギーにならない食物繊維《しょくもつせんい》の総称《そうしょう》。炭水化物の多い食品《しょくひん》は、米《こめ》、パン、麺《めん》、いもやくだものなど。

脂質：最《もっと》も高いエネルギーを作りだす。でも、とりすぎると肥満《ひまん》につながる。脂質の多い食品は、牛肉《ぎゅうにく》、豚肉《ぶたにく》、油《あぶら》、マヨネーズ、チーズなど。

（３大栄養素に無機質《むきしつ》・ビタミンを加《くわ》えると５大栄養素）

無機質：おもに体を作《つく》り、体の調子《ちょうし》を整える。カルシウム、リン、カリウムなど。

ビタミン：ヒトの体の調子を整える。水溶性《すいようせい》ビタミンと脂溶性《しようせい》ビタミンに分かれる。

包丁《ほうちょう》の正しい持ち方

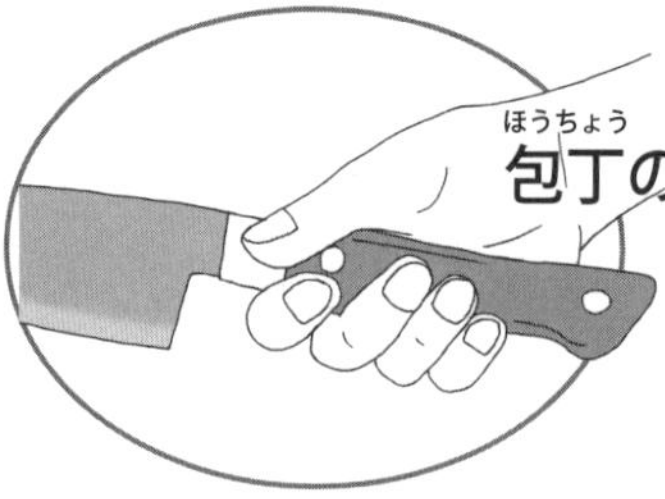

これも知って
おくといいね

野菜《やさい》の切《き》り方《かた》の基本《きほん》

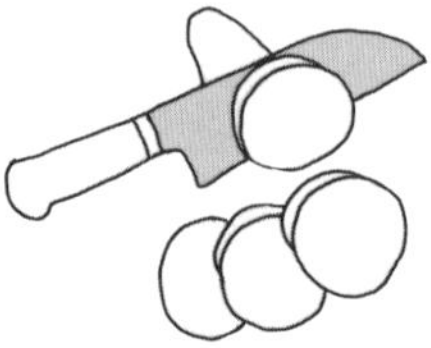

輪切《わぎ》り

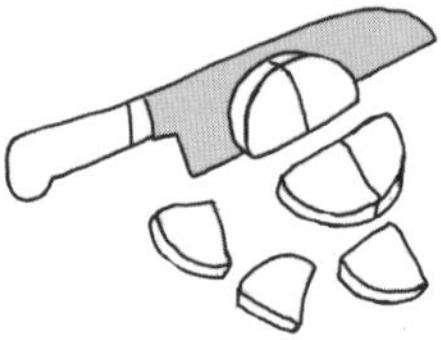

いちょう切り

さいの目切り

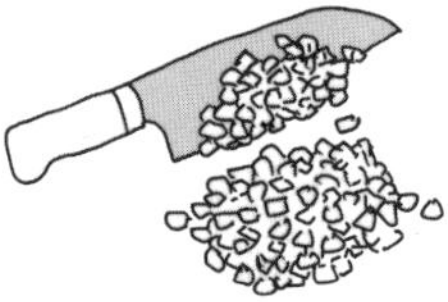

みじん切り

大根

千《せん》切り

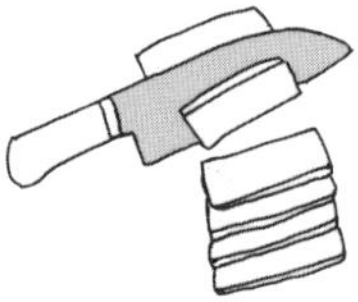

短冊《たんざく》切り

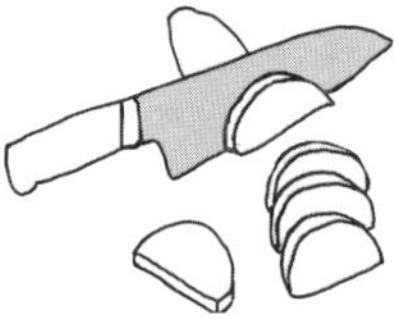

半月《はんげつ》切り

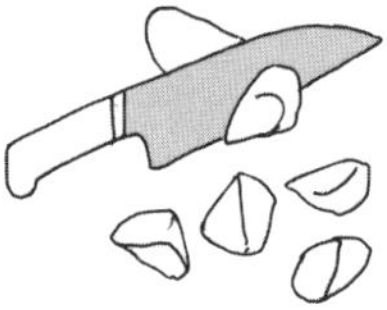

乱《らん》切り

栄養と調理技能検定サイト

過去の問題

目で見る栄養素

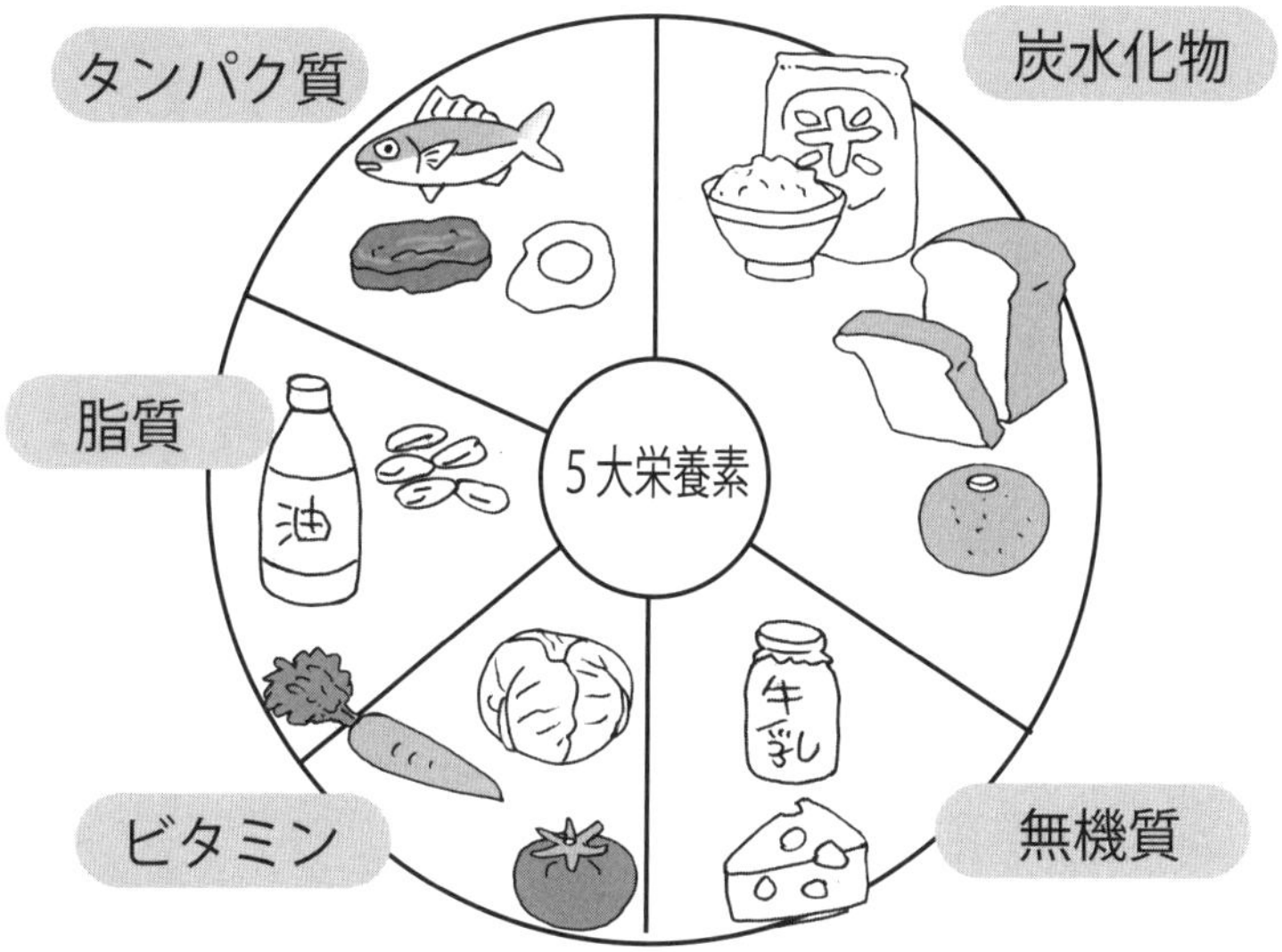

出題例

食物《しょくもつ》アレルギーに対《たい》し、特定原材料《とくていげんざいりょう》として表示《ひょうじ》が義務《ぎむ》づけられている食品《しょくひん》として、正しいものを１つ選びなさい。

1、サケ　　2、ごま　　3、小麦《こむぎ》

答：3

受検資格：子どもから大人までだれでも受けられる。10代《だい》が多《おお》い。

検定試験：**食生活《しょくせいかつ》と栄養《えいよう》検定**が初級（旧《きゅう》5級）と中級（旧4級）の2段階、**栄養と調《ちょう》理《り》技能検定**が3級から、2級、準1級、1級の4段階。

食生活と栄養検定は一次《じ》の知識《ちしき》試験のみ。栄養と調理技能検定は、一次の知識試験合格者だけ、二次試験の実技試験を受けられる。

上級は専門《せんもん》知識が必要《ひつよう》。

検定料：初級の2,000円から～1級の17,800円（一次・二次ふくむ）まで。

主催：(学)香川《かがわ》栄養学園《がくえん》

後援：文部科学省《もんぶかがくしょう》／農林水産省《のうりんすいさんしょう》／厚生労働省《こうせいろうどうしょう》／全国連合《れんごう》小学校長会《こうちょうかい》／全日本中学校長会／全国学校栄養士協議会《きょうぎかい》

(学)：学校法人の略

ニュース時事《じじ》能力《のうりょく》検定（N《エヌ》検《けん》）

新聞《しんぶん》やテレビのニュース報道《ほうどう》を、読《よ》み解《と》く能力を身《み》につける検定です。
現代社会《げんだいしゃかい》のできごとを理解《りかい》し、総合的《そうごうてき》に判断《はんだん》する力《ちから》、ぜひ養《やしな》いたいですね。

さまざまなメディアから ニュースが流《なが》れているね

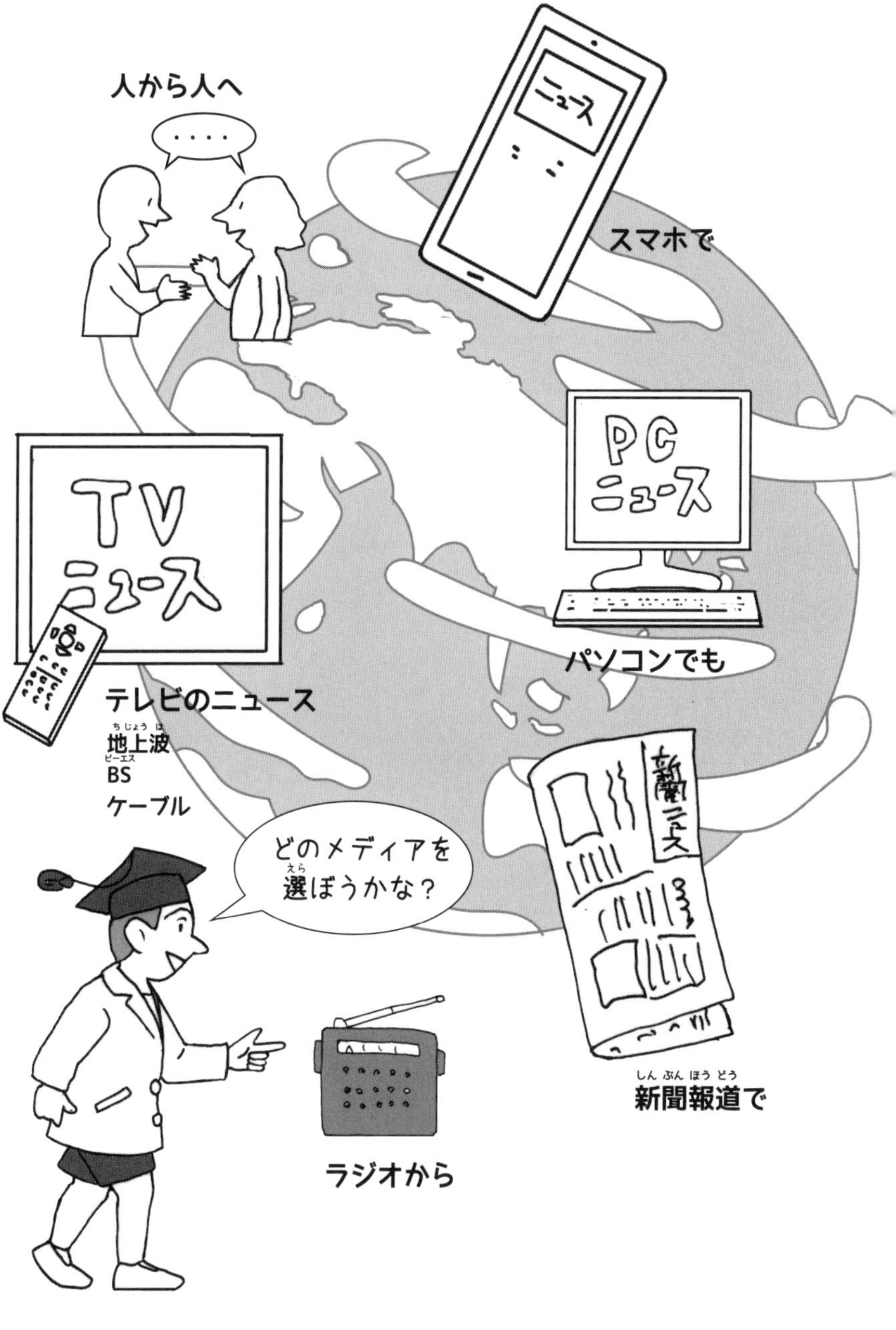

この五つの分野《ぶんや》から出題《しゅつだい》されるよ

ニュース検定公式

過去の問題

出題例（5級）

村《むら》や町《まち》の人口《じんこう》がとても少なくなって、住民《じゅうみん》が暮《く》らしにくくなる状態《じょうたい》を「過疎《かそ》」といいます。過疎地域《ちいき》の特徴《とくちょう》の例《れい》に当《あ》てはまるものを1～4の中から地域一つ選《えら》びなさい。

1、山村《さんそん》や離島《りとう》に多くみられる。
2、小学校や中学校がどんどん新設《しんせつ》される。
3、伝統的《でんとうてき》な祭《まつ》りが年々《ねんねん》、盛《さか》んになる。
4、働《はたら》き盛《ざか》りの若者《わかもの》が増《ふ》えて、お年寄《としよ》りの割合《わりあい》が低《ひく》くなる。

答：1

受験資格：子どもから大人まで、だれでも受けられる。
試験方式：会場試験とIBT《アイビーティー》試験※（3級・準2級・2級）がある。
受検内容：準2級を含めて5級から1級まで6段階。
5級は小学校社会科の知識、4級は小・中学校の地理や歴史の知識が必要
3級は中学校社会科の公民的《てき》分野《ぶんや》の知識、準2級は高校の公民の知識、
2級と1級はニュースの背景《はいけい》も含《ふく》めて広い視野《しや》で理解《りかい》するレベルが必要《ひつよう》。
学習方法：公式教材《きょうざい》がある。
受検料：5級の3,200円～1級の7,400円
合格者：合格証が送られる。
主催：（NPO《エヌピーオー》法人）日本ニュース時事《じじ》能力検定協会

※：IBT試験：インターネットを利用しての試験

ジュニア・プログラミング検定

コンピューターに指示《しじ》をだして自分の設計図《せっけいず》を組《く》み立ててみよう！

現代《げんだい》の生活に欠《か》かせないコンピューター。そんなコンピューターを自在《じざい》に動《うご》かせたら、楽しいだろうね。

出題例

ジュニア・プログラミング検定 HP 参照

ジュニア・プログラミング
検定サイト

受検資格：子どもから大人までだれでも受験できる。

検定試験：Entry《エントリー》（4 級）・Bronze《ブロンズ》（3 級）・Silver《シルバー》（2 級）・Gold《ゴールド》（1 級）の 4 段階。
どのレベルからでも受検することができる。

試験目的：プログラミングの思考力《しこうりょく》を育《そだ》て、その知識を持って創造力《そうぞうりょく》を高める。

受検料：4 級の 2,600 円〜1 級の 3,200 円まで。

合格者：認定証とバッジを進呈《しんてい》。

主催：サーティファイ 情報処理能力《じょうほうしょりのうりょく》認定委員会《いいんかい》

その他の検定：日商《にっしょう》プログラミング検定
キッズプログラミング検定（株式会社サイバーエイジェント）

（プログラミングの用語《ようご》）

＊スクラッチ：ゼロからのプログラミングを意味《いみ》する。

＊スプライト：固定《こてい》の背景《はいけい》と動かす図形《ずけい》を別々《べつべつ》に作成《さくせい》して、合成《ごうせい》すること。

＊スクリプト：記述《きじゅつ》や実行《じっこう》が比較的《ひかくてき》かんたんなプログラミング言語《げんご》。

ダンス検定で想像力《そうぞうりょく》や表現力《ひょうげんりょく》を豊かにしよう！

自分を
表現できる
ダンスって
楽しいな！

「ブレイキン」がオリンピック種目《しゅもく》になって、すっかり人気《にんき》が定着《ていちゃく》したダンス。大汗《おおあせ》をかいてダンスをすれば、気分《きぶん》は爽快《そうかい》！ダンス検定で心も体も健康だ！

ステップ！
レッツダンス！
リズム！

楽《たの》しく踊《おど》り続《つづ》けた後《あと》に結果《けっか》はついてくる

ジャズダンスとは
バレーの要素《ようそ》を
取《と》り入《い》れた
アメリカで誕生《たんじょう》した
フリースタイル
ダンス

ジャズダンス

ヒップホップ

全身《ぜんしん》を使《つか》ってアップ
とダウンを繰《く》り返《かえ》し
激《はげ》しく踊るダンス

私も踊りたく
なってきたわ♪

エイベックス・
ストリートダンス検定サイト

基本的《きほんてき》に、ダンスは肉体《にくたい》表現なので
ヒップホップ、ロッキング、パンキング、
各《かく》ジャンルのレッスンを受けてから
検定にチャレンジ！

<エイベックス・ストリートダンス検定>

主催：エイベックス・アライアンス＆パートナーズ（株）

検定試験：6 級～アドバンスの 7 段階。全レベルだれでも受検可能《かのう》。

受検内容：ヒップホップは 6 級～アドバンス、ジャズは 5 級～アドバンス、
会場に行かなくても検定アプリをダウンロードして自宅などで受検できる。
※ヒップホップ 6 ～ 4 級は毎月開催《まいつきかいさい》。

受検料：6 級は無料《むりょう》、5 級 1,650 円～アドバンス 7,150 円まで。

合格者：ダンススキルを証明《しょうめい》できるライセンスカード（有料《ゆうりょう》）が発行《はっこう》できる。

そのほかに、内閣府《ないかくふ》が認可《にんか》した**子どもダンス検定**（職業技能振興会《しょくぎょうぎのうしんこうかい》主催）・**ダンス検定**（ダンス協会主催）など、いろいろとあるのでどれを選《えら》ぶか考えてみよう。

神社《じんじゃ》検定
（神道文化《しんとうぶんか》検定）

神社の正しい知識を学んで、「日本の心」を知ろう！
神社は、庶民《しょみん》のくらしの中から生まれてきたんだ。

人びとは神社に心のオアシスを求《もと》めたんだね

最初《さいしょ》に生まれたのは自然信仰《しぜんしんこう》

まだ神社などはなくて、山や岩、木などの自然物《しぜんぶつ》に、神が宿《やど》るとされていた。その自然の神様《かみさま》のために、社《やしろ》を建《た》てたのが神社の始《はじ》まりだよ。

三種《さんしゅ》の神器《じんぎ》とは？

神様は自然物だけでなく他《た》のものにも宿るとされていた。それが、三種の神器。

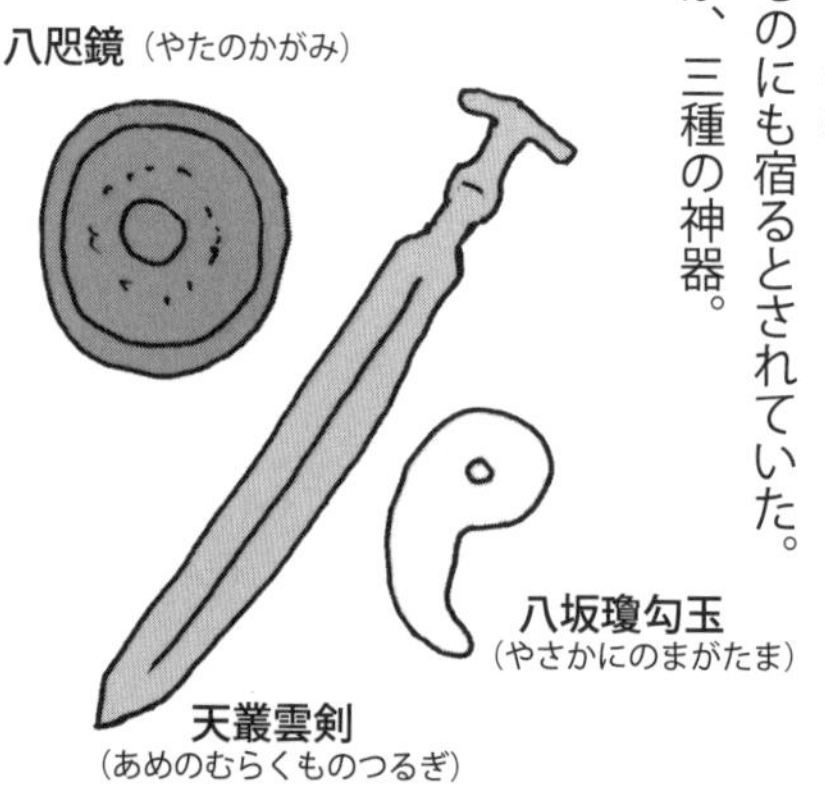

神話《しんわ》に登場《とうじょう》する
日本最古《さいこ》の夫婦《めおと》神《がみ》
イザナキノミコトと
イザナミノミコト
昔《むかし》の出雲《いづも》大社《たいしゃ》
奴奈川《ぬながわ》神社
戸隠《とがくし》神社
美保《みほ》神社
出雲大社
損夜《いや》神社
白兎《はくと》神社
須我《すが》神社
八口《やぐち》神社
須佐《すさ》神社
猿田彦《さるたひこ》神社
和多都美《わたづみ》神社
伊勢神宮《いせじんぐう》
大山祇《おおやまづみ》神社
木花《きばな》神社
月讀《つきよみ》神社
青島《あおしま》神社
鵜戸《うど》神社
＜日本神話に関《かか》わる神社地図《ちず》＞

日本全国には約《やく》８万《まん》の神社があって
その一つ一つに　深い歴史があるんだよ

厳島《いつくしま》神社の鳥居《とりい》

伏見《ふしみ》稲荷《いなり》大社《たいしゃ》

伊勢《いせ》神宮

出雲《いづも》大社

富士《ふじ》山《さん》本宮《ほんぐう》浅間《せんげん》大社《たいしゃ》

過去問題

神社検定サイト

邪気《じゃき》をはらい　神前《しんぜん》を守《まも》る狛犬《こまいぬ》

神社を守る狛犬は、犬といっても
架空《かくう》の動物《どうぶつ》。右は「阿《あ》」のかたちで口を開《あ》け、
左は「吽《うん》」と口を閉《と》じている。
アウンはサンスクリット語《ご》からきているんだ。

向かって右が
口を開けた阿（あ）
左が
口を閉じた吽（うん）

出題例

ほぼ全国的《てき》にお宮《みや》が存在《そんざい》するのが八幡《はちまん》さんです。その八幡さんの起源《きげん》となる神社は大分県《おおいたけん》の宇佐《うさ》神宮ですが、八幡さんの代表《だいひょう》的な神社といえば京都《きょうと》の石清水八幡宮《いわしみずはちまんぐう》とどの神社でしょうか？

1、伏見稲荷大社《ふしみいなりたいしゃ》　　3、八坂《やさか》神社
2、鶴岡八幡宮《つるがおかはちまんぐう》　　4、太宰府天満宮《だざいふてんまんぐう》

答：2

受検資格：年齢制限《ねんれいせいげん》はなく、だれでも受けられる。
検定試験：年 1 回。会場受検（初級はなし）とオンライン受検（初級と 3 級のみ）。
受検内容：初級、3 級から 1 級まで、4 段階。出題範囲《しゅつだいはんい》は年度《ねんど》によって変更《へんこう》あり。
初級は、マンガ版《ばん》の「神社のいろは」「日本書紀《しょき》」「古事記《こじき》」から出題。
3 級は、公式《こうしき》テキスト「神社のいろは」から 70%《パーセント》出題される。
2 級は、「神社のいろは 続《ぞく》」から 70%出題される。
1 級は、「神社のいろは要語集《ようごしゅう》」から 50%出題。
受検料：初級 3,500 円～1 級 7,900 円
合格者：初級は認定《にんてい》カード、3 級から 1 級は絵馬型《えまがた》合格認定証《しょう》が送られる。
主催：（公財）日本文化興隆《ぶんかこうりゅう》財団　**監修**《かんしゅう》：神社本庁《ほんちょう》　**企画・運営**：日販セグモ（株）

ことわざ検定（こと検）

ことわざを使《つか》って家族《かぞく》やともだちとの会話《かいわ》を楽《たの》しもう！

人のくらしの中で、大切《たいせつ》にすることや生活の知恵《ちえ》などを、短《みじか》いことばで言い表《あらわ》したものが「ことわざ」です。

よくむかしの人は、こんなにわかりやすくて、端的《たんてき》なことばを考えましたよね。

「猿《さる》も木から落《お》ちる」

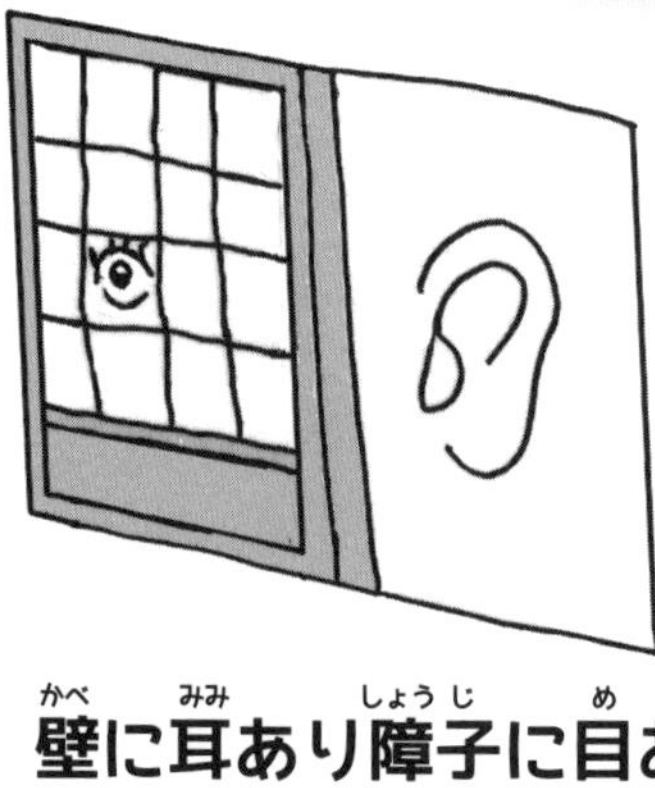

壁《かべ》に耳《みみ》あり障子《しょうじ》に目《め》あり

「いま泣《な》いたからすがもう笑《わら》う」

明日《あした》は明日の風《かぜ》が吹《ふ》く

石の上にも三年

急《いそ》がば回《まわ》れ

一日千秋《いちじつせんしゅう》の思い

犬も歩《ある》けば棒《ぼう》に当《あ》たる

海老《えび》で鯛《たい》を釣《つ》る

鬼《おに》に金棒《かなぼう》

河童《かっぱ》の川流《かわなが》れ

かぶとを脱《ぬ》ぐ

喧嘩両成敗《けんかりょうせいばい》

地獄《じごく》に仏《ほとけ》

捨《す》てる神《かみ》あれば拾《ひろ》う神あり

棚《たな》からぼたもち

飛《と》ぶ鳥《とり》を落《お》とす勢《いきお》い

火《ひ》に油《あぶら》を注《そそ》ぐ

百聞《ひゃくぶん》は一見《いっけん》にしかず

待《ま》てば海路《かいろ》の日和《ひより》あり

「目は口ほどにものをいう」

「売《う》り言葉《ことば》に買《か》い言葉」

「泣《な》き面《つら》に蜂《はち》」

四字熟語《よじじゅくご》も出題されるよ

四字熟語

四つの漢字《かんじ》で作《つく》られた熟語。
なるほど！と思《おも》わせる漢字の
組み合わせが、とても面白《おもしろ》いよ。

『自業自得《じごうじとく》』

厚顔無恥《こうがんむち》
有言実行《ゆうげんじっこう》
一朝一夕《いっちょういっせき》
風林火山《ふうりんかざん》
空前絶後《くうぜんぜつご》
など

『四面楚歌《しめんそか》』

出題例

四字熟語『悪事千里《あくじせんり》』の意味《いみ》を答《こた》えなさい。

1、悪《わる》いことは、長《なが》くは続《つづ》かない
2、遠《とお》い先《さき》にある悪いことは見えないものである
3、悪い行《おこな》いや評判《ひょうばん》はすぐに世間《せけん》に広《ひろ》まる
4、最悪《さいあく》のことを考《かんが》えて、先に手《て》を打《う》つべきである

答：3

過去問題

ことわざ検定サイト

ことわざだけでなく 慣用句《かんようく》や

慣用句

二つ以上《いじょう》の単語《たんご》を組み合わせた
表現《ひょうげん》や言いまわし。

『縁《えん》の下の力《ちから》持ち』

『馬《うま》の耳に念仏《ねんぶつ》』

『負《ま》け犬の遠《とお》吠《ぼ》え』

『鬼《おに》の目にも涙《なみだ》』

受検資格：だれでも受検できる。
受検会場：オンライ受検のみ。
検定内容：10 級から 1 級までの 10 段階。
出題内容：10 級・9 級は小学生向けの基本《きほん》のことわざ。8〜6 級は中学生向けのことわざ、5 級は高校生向け、4 級以上は一般的《いっぱんてき》なことわざを中心にしだいに専門的《せんもんてき》なレベルの出題になる。
受検料：10 級の 2,530 円〜 1 級の 9,020 円
主催：（財）ことわざ能力検定協会

（財）：財団法人の略

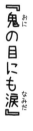

子どもエコリテラシー検定

環《かん》境《きょう》問《もん》題《だい》を学んで住《す》みやすい地球に！

子どもたちが、環境問題への関心《かんしん》と理解《りかい》を深《ふか》め、環境を守《まも》る活動《かつどう》に参加《さんか》してくれることを願《ねが》って作《つく》られた検定

エコリテラシー
環境問題や防災《ぼうさい》対策《たいさく》に関《かん》する知識《ちしき》や体験《たいけん》・実践《じっせん》する能力《のうりょく》のこと

子どもエコリテラシー検定サイト

受検資格：小学校 3 年から中学生を中心に、だれでも受けられる。

受検方法：パソコンやスマホで受検できる。

学習方法：朝日新聞社《あさひしんぶんしゃ》の「地球教室《ちきゅうきょうしつ》」（現在《げんざい》はデジタル版《ばん》）が公式《こうしき》テキスト。

受検料：無料（何度《なんど》でも受検できる）

合格者：プリンターで印刷《いんさつ》できる合格証書《しょうしょ》が送《おく》られる。

主催：NPO《エヌピーオー》法人《ほうじん》　エコリテラシー協会

検定問題サイト

子ども防《ぼう》災《さい》検定

自然災害《しぜんさいがい》の恐《おそ》ろしさを知り防災活動《かつどう》を身《み》につけよう！

津波《つなみ》　台風《たいふう》　洪水《こうずい》

子どもたちに自然災害《しぜんさいがい》の知識《ちしき》を持《も》ってほしい、そして、防災活動を理解してほしいと考《かんが》えて作られた検定。

受検資格：小学校 3 年から中学生を中心に、だれでも受けられる。

受検方法：パソコンやスマホで受検できる。

学習方法：東京都《とうきょうと》が全世帯《ぜんせたい》に配布《はいふ》している「東京くらし防災」と「東京防災」を参考書《さんこうしょ》にしている。

受検料：無料（何度でも受検できる）

合格者：プリンターで印刷できる合格証書が送られる。

主催：NPO 法人　エコリテラシー協会

子ども防災検定
問題サイト

山《やま》の知《ち》識《しき》検定（ヤマケン）

山を知り　山を愛《あい》し
楽しく安全《あんぜん》な
登山《とざん》をしよう

山の知識を深《ふか》めることで、山の事故《じこ》を防《ふせ》ぎ、四季折々《しきおりおり》の自然の美しい変化《へんか》を学び、同時《どうじ》に自然の怖《こわ》さも学ぶ。

めざせ！　山検定合格！

山のことを知ると
これまで以上に
楽しくなる

エベレストに初登頂《はつとちょう》した登山家《か》は誰《だれ》？

1、エドモンド・ヒラリー

2、エドワード・ウインパー

3、ジョージ・マロリー

4、ラインホルト・メスナー

答え：1

まずは　基本《きほん》を知ろう

登山地図《ちず》を読《よ》める

レスキューの基礎《きそ》知識

登山の服装《ふくそう》や装備《そうび》

高山《こうざん》の動植物《どうしょくぶつ》の名前《なまえ》

山の地形《ちけい》などの知識

天気図《てんきず》を読める

山の名、歴史《れきし》、文学《ぶんがく》

山の知識検定サイト

受検資格：だれでも受検できる。会場試験のみ。

検定内容：ブロンズ、シルバー、ゴールドの 3 段階。ブロンズは、登山初級者で自立《じりつ》した登山をめざす。シルバーは、登山計画《けいかく》を立てられ、初心者《しょしんしゃ》に山の知識を教《おし》え、自《みずか》らも春秋《しゅんじゅう》の山や初級の冬山《ふゆやま》登山ができる。
ゴールドは、パーティーのリーダーで山の知識を体系的《たいけいてき》に考えられる。

学習方法：ブロンズとシルバーは講習《こうしゅう》会がある。

受検料：ブロンズ 3,300 円　シルバー 4,400 円　ゴールド 5,500 円

合格者：認定証《にんていしょう》が渡《わた》される。

主催：（一社）日本山岳《さんがく》検定協会　**協賛《きょうさん》：**mont-bell《モンベル》

ジュニア・スイーツコンシェルジュ検定（洋菓子編《ようがしへん》）

小学生のなりたい職業上位《しょくぎょうじょうい》の
ケーキ屋《や》さん、パン屋さん。
見た目はかわいいけど、
スイーツ作りは大変《たいへん》だ！

自宅《じたく》で学習《がくしゅう》
自宅で試験《しけん》
自宅で合格認定《ごうかくにんてい》

受検資格：小学校中学年以上をすすめている。検定に申《もう》しこむと、検定キットが送られてくる。

テキスト：洋菓子を50種類紹介《しょうかい》。

試験料：3000円

合格者：賞状《しょうじょう》。合格後《ご》、日本スイーツ協会に入会《にゅうかい》すると、準会員《じゅんかいいん》として登録《とうろく》される。

主催：（一社）日本スイーツ協会

さらに上の資格が

スイーツコンシェルジュ

ボクは
スイーツコンシェルジュ
になりたい！

日本スイーツ協会サイト

受検内容：ベーシックとアドバンス。

受検資格：ベーシックは誰《だれ》でも受けられる。スイーツの分類《ぶんるい》、基本《きほん》の生地《きじ》とクリーム、世界の銘菓《めいか》など、スイーツの基本をテキストで学ぶ。

アドバンスは、協会の会員のみ受検できる。ベーシックで学んだ知識をもとに、スイーツのより深い知識や仕事《しごと》に生《い》かせるような知識を習得《しゅうとく》する。

ベーシックに合格した後《のち》日本スイーツ協会に入会すると、**スイーツコンシェルジュ**の資格が認定される。協会のウェブサイトや会報誌《かいほうし》などで、おすすめスイーツの紹介《しょうかい》記事《きじ》などを書くスポーツライターにも挑戦できるよ。

受検方法：全国の 200 ヶ所以上の会場で、コンピュータで受検。

試験料：ベーシックとアドバンスは、学生 10,000 円 (テキスト込み)

合格者：ベーシックは合格証《しょう》（賞状《しょうじょう》）が送られる。

主催：（一社） 日本スイーツ協会

世界のおいしいスイーツ

菓子《かし》検定

洋菓子と和《わ》菓子の検定だよ

菓子検定の サイト

受検資格：だれでも受検できる。

検定方法：全国約《ぜんこくやく》 350 ヶ所《しょ》のテストセンターでコンピュータで受検（CBT 方式）。

検定内容：3 級から 1 級までの 3 段階。公式アプリ内の「学ぶ」を中心に出題。
洋菓子を中心に、和菓子、食品衛生《しょくひんえいせい》と栄養《えいよう》も出題される。

検定料：3 級 2,000 円、2 級 2,500 円、3 級 3,000 円

主催：辻調理師専門《つじちょうりしせんもん》学校・辻製菓《せいか》専門学校

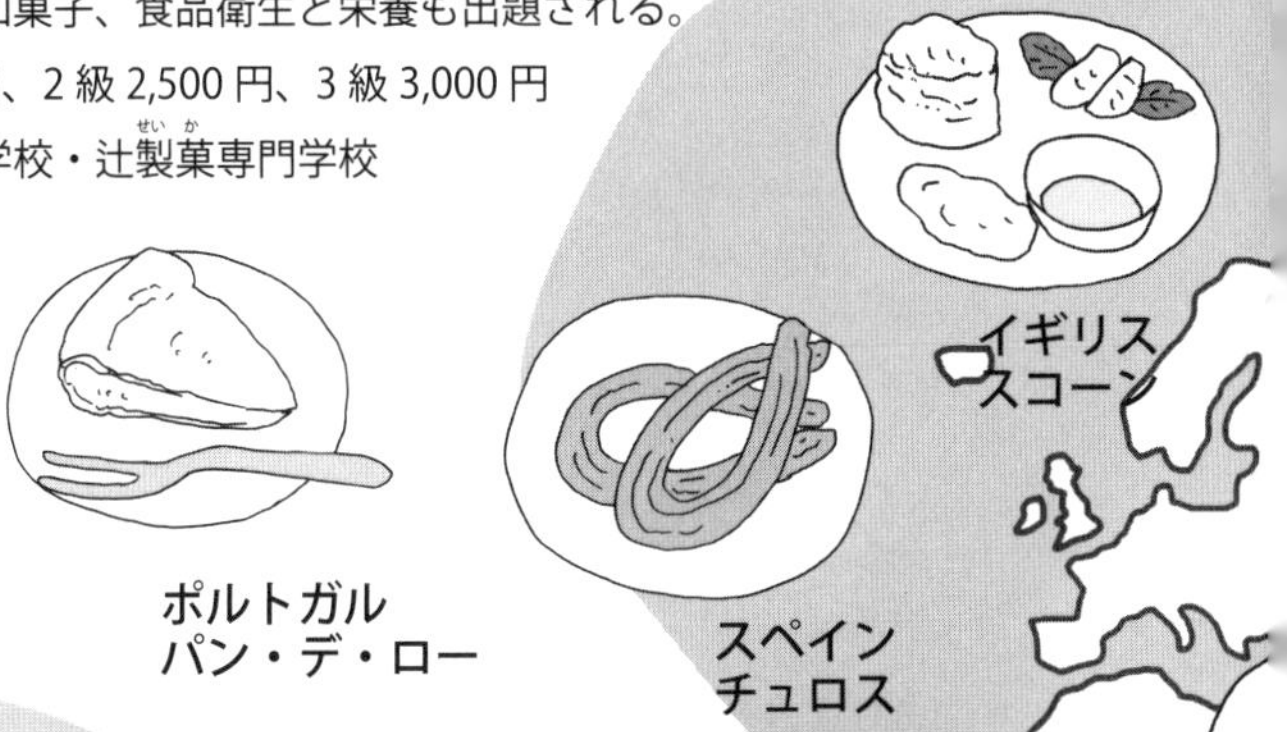

趣味《しゅみ》から
将来《しょうらい》の仕事《しごと》にも

製菓《せいか》アドバイザー

受検資格：年齢制限《ねんれいせいげん》は特《とく》になし。　**学習方法**：資格取得講座《しゅとくこうざ》がある。

試験方法：自宅《じたく》で受検でき解答用紙《かいとうようし》を提出《ていしゅつ》。　**受検料**：10,000 円

主催：日本安全食料《しょくりょう》料理協会（JSFCA）

資格認定試験サイト

お菓子作《づく》りパティシエ

お菓子のレシピから
道具《どうぐ》の選《えら》び方《かた》まで

受検資格：年齢制限は特になし。　**学習方法**：資格取得講座や動画《どうが》。

試験方法：自宅で受検でき解答用紙を提出。　**受検料**：10,000 円

主催：日本インストラクター技術《ぎじゅつ》協会（JIA））

お菓子作りパティシエのサイト

※上記の QR コード等は、各ホームページを参考にしました

歴史能力検定《れきしのうりょくけんてい》

歴史を通して世界の国ぐにの違《ちが》いを知り共生《きょうせい》する社会《しゃかい》を

歴史の面白《おもしろ》さは、その時代で悩《なや》み、苦《くる》しみ、
希望《きぼう》を持《も》って生きようとした、
人びとの真実《しんじつ》のすがたがあるから。
過去《かこ》の歴史に学んで、
きみたちは未来《みらい》に向けてどう生きていくか、
考えてみよう！

本能寺《ほんのうじ》の変《へん》

天正《てんしょう》10年、京都《きょうと》本能寺にいた織田信長《おだのぶなが》は、家来《けらい》の明智光秀《あけちみつひで》の謀反《むほん》により自害《じがい》する。

日本編《へん》

黒船来航《くろふねらいこう》　突如《とつじょ》、アメリカの戦艦《せんかん》４隻《せき》が浦賀沖《うらがおき》に現《あらわ》れ、江戸幕府《えどばくふ》は大騒《おおさわ》ぎとなる。

坂本龍馬《さかもとりょうま》

幕末《ばくまつ》の土佐藩士《とさはんし》。
黒船に衝撃《しょうげき》を受ける。
倒幕《とうばく》のきっかけをつくった人。

世界編

エジプト文明《ぶんめい》

紀元前《きげんぜん》3000年ごろ、エジプトのナイル川流域《りゅういき》に栄《さか》えた文明。

イエス・キリスト

パレスチナのベツレヘムで生まれた、キリスト教の創始者《そうししゃ》。

ジャンヌ・ダルク

1339年から始《はじ》まるイギリスとフランスとの百年戦争《ひゃくねんせんそう》で、フランスを勝利《しょうり》に導《みちび》いた女性《じょせい》。

仏陀（ブッダ）

「仏《ほとけ》の悟《さと》り」を開いた人。歴史的《てき》には釈迦《しゃか》のことをさす。

諸葛孔明《しょかつこうめい》

三国《さんごく》時代（3世紀の中国《ちゅうごく》）に活躍《かつやく》した天才軍師《てんさいぐんし》。

アドルフ・ヒトラー

第《だい》二次《じ》大戦《たいせん》中のドイツの首相《しゅしょう》。ナチスの指導者《しどうしゃ》。

トーマス・エジソン

アメリカの発明家《はつめいか》。蓄音機《ちくおんき》、白熱電球《はくねつでんきゅう》、映写機《えいしゃき》など、1300もの発明をした。

過去問題

歴史能力検定サイト

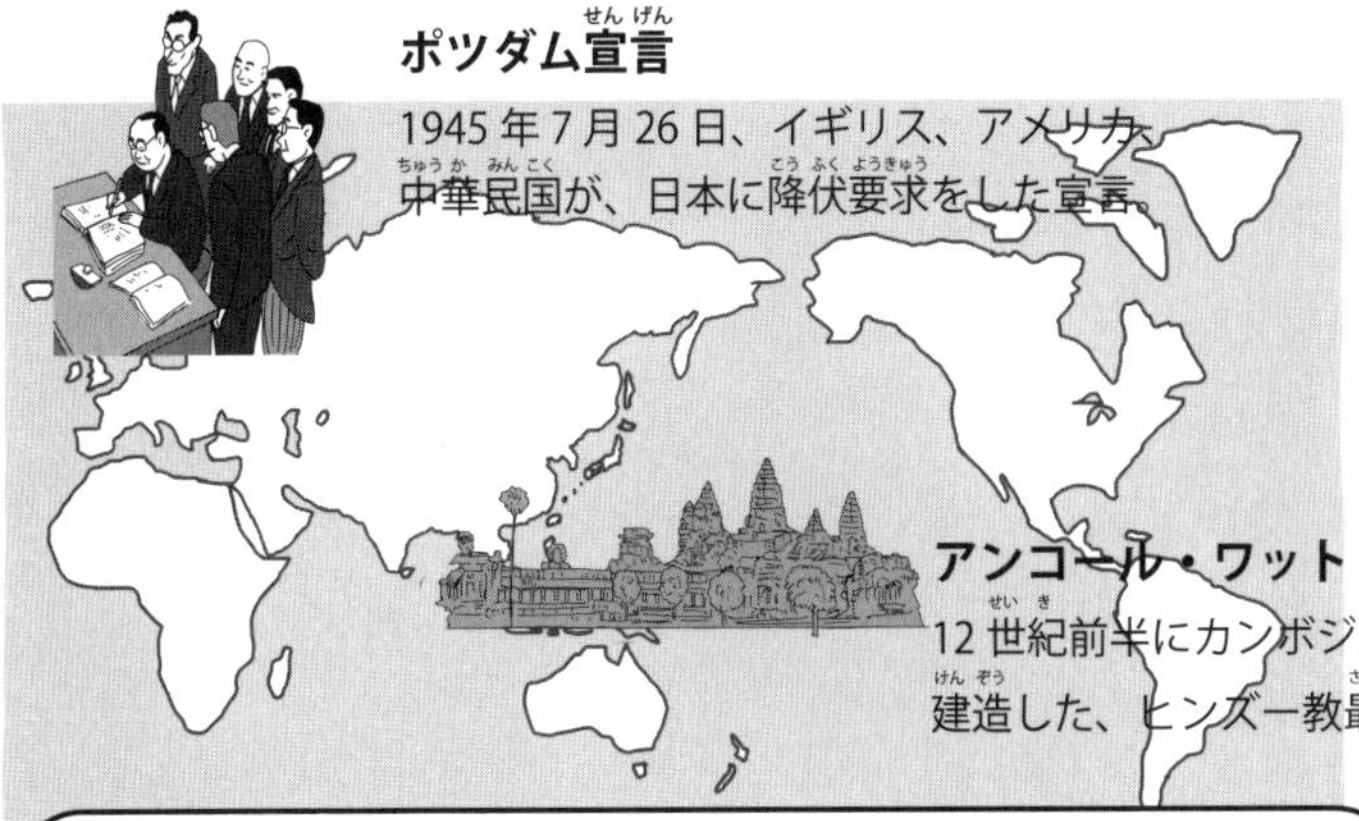
12世紀《せいき》前半にカンボジア王朝《おうちょう》が建造《けんぞう》した、ヒンズー教最大《さいだい》の寺院《じいん》。

●5級の例題

次《つぎ》の問題は、16世紀から17世紀に出された法令《ほうれい》である。
これを読《よ》んで、あとの問《と》いに答えなさい。

（問題）
一、異国《いこく》へ日本の船《ふね》を派遣《はけん》することは厳重《げんじゅう》に禁止《きんし》する。
一、日本人を異国へ派遣してはならない。もしかくれて海外《かいがい》に渡《わた》ったものは死罪《しざい》とする。
問　この法令を出したのは江戸幕府の3代将軍《だいしょうぐん》であるが、この人物《じんぶつ》の名前《なまえ》として正しいものを、次の1～3のうちから一つ選《えら》べ。
1. 徳川慶喜《とくがわよしのぶ》　2. 徳川家光《いえみつ》　3. 徳川吉宗《よしむね》

答：2

受検資格：特になし。どの級からでも受検できる。会場試験のみ。
受検内容：5級～準3級をいれて1級までの6段階。
・5級は歴史入門。基本的《きほんてき》な日本史の問題。
・4級は歴史基本。中学校で学ぶ日本史と世界史の知識が必要。
・準3級は日本史。中学校で学ぶ日本史の知識が必要。
・3級は日本史・世界史。高校で学ぶ基礎《きそ》的な歴史知識が必要。
・2級は日本史・世界史。高校で学ぶものより少し高度《こうど》な歴史知識が必要。
・1級は日本史・世界史。学校で学習した以上の知識が求《もと》められる。
＊3級～1級の日本史と世界史は、別《べつ》べつの検定になる。
受検料：5級の2,900円～1級の8,000円まで。
主催：歴史能力検定協会
企画・運営：日販セグモ（株）

考古《こうこ》検定

遺跡《いせき》や石器《せっき》・土器《どき》
過去《かこ》をパズルのように組み合わせて歴史をひもとく

この焼《や》き物《もの》には
どんなことが
かくされている？

古代《こだい》の遺跡から、その当時《とうじ》の人びとのくらしぶりが想像《そうぞう》できるとワクワクするね。考古学は、知的《ちてき》探究心《たんきゅうしん》をもって日本の歴史を再発見《さいはっけん》していく検定です。そんな考古学博士になってみませんか!?

縄文時代《じょうもんじだい》

縄文時代は、今《いま》から 13000 年くらい前の時代で、約《やく》 1 万年続《つづ》いたと言われているよ。そんなとても古い時代なのに、土器や石刀《せきとう》、人の形《かたち》をした土偶《どぐう》などが発見されている。

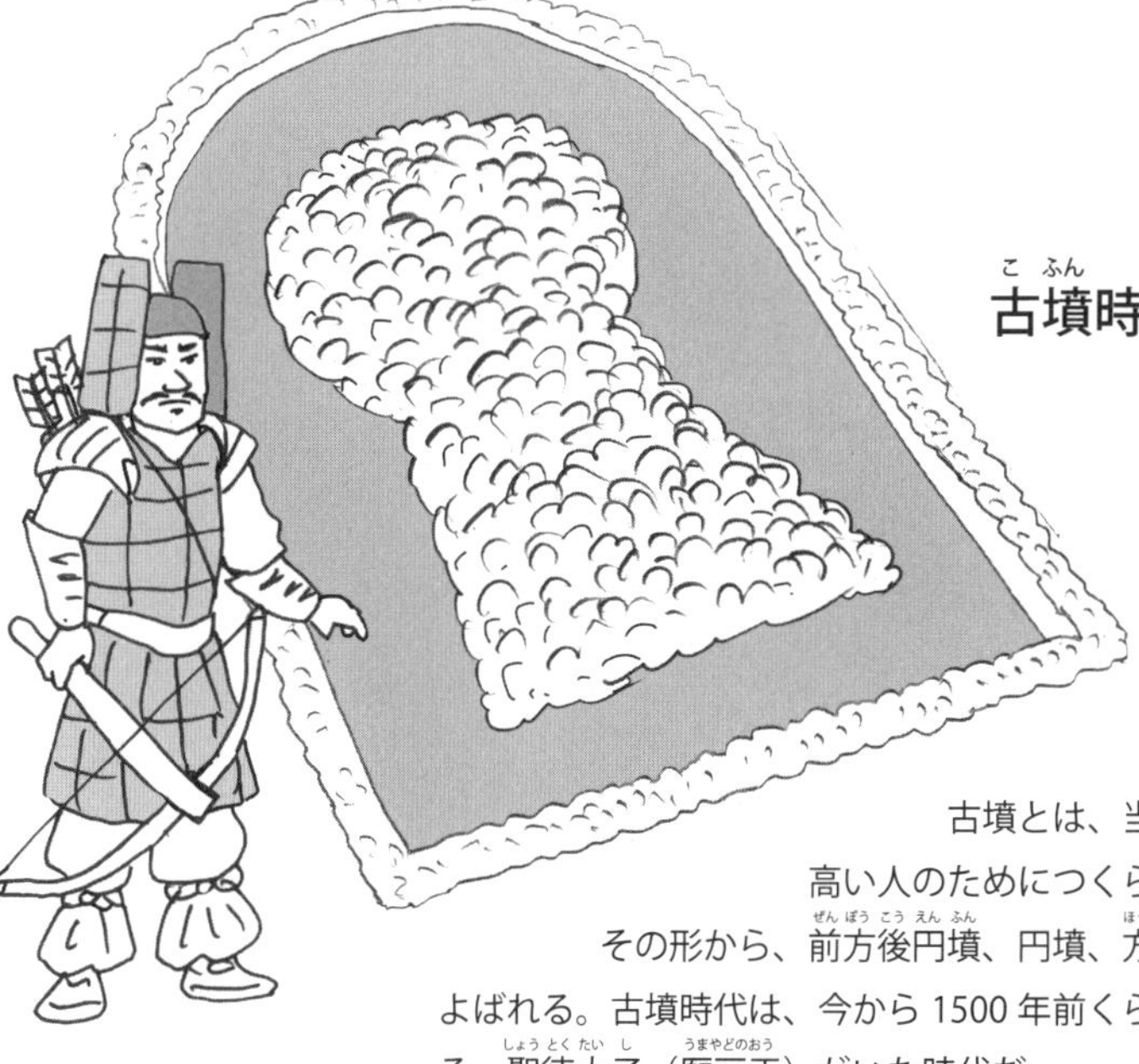

古墳《こふん》時代

古墳とは、当時の位《くらい》の高い人のためにつくられたお墓《はか》。その形から、前方後円墳《ぜんぽうこうえんふん》、円墳、方墳《ほうふん》などとよばれる。古墳時代は、今から 1500 年前くらいに始《はじ》まる、聖徳太子《しょうとくたいし》（厩戸王《うまやどのおう》）がいた時代だ。

日本の考古学上《こうこがくじょう》興味深《きょうみぶか》い遺跡や建造物《けんぞうぶつ》

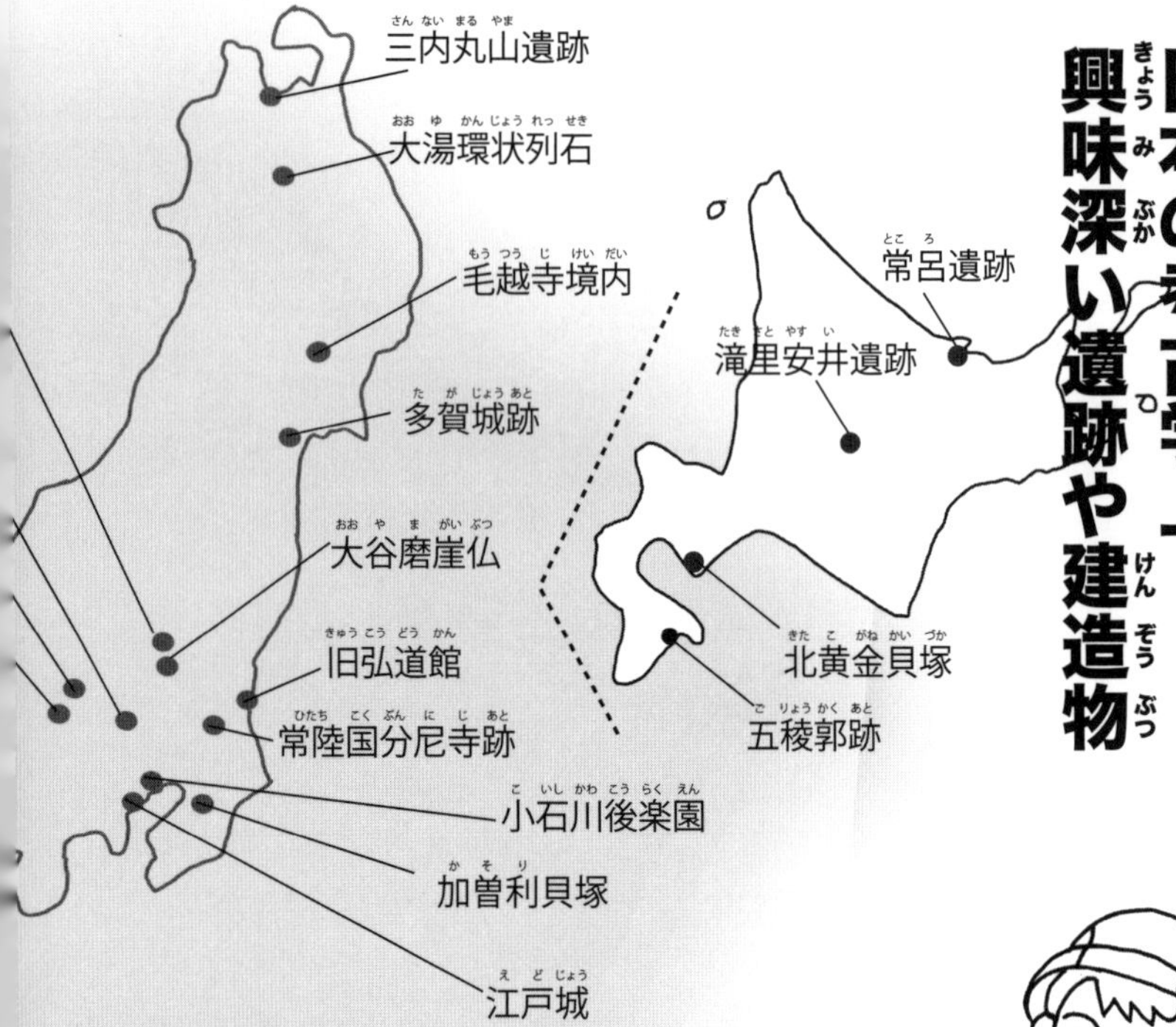

考古検定サイト

過去の問題

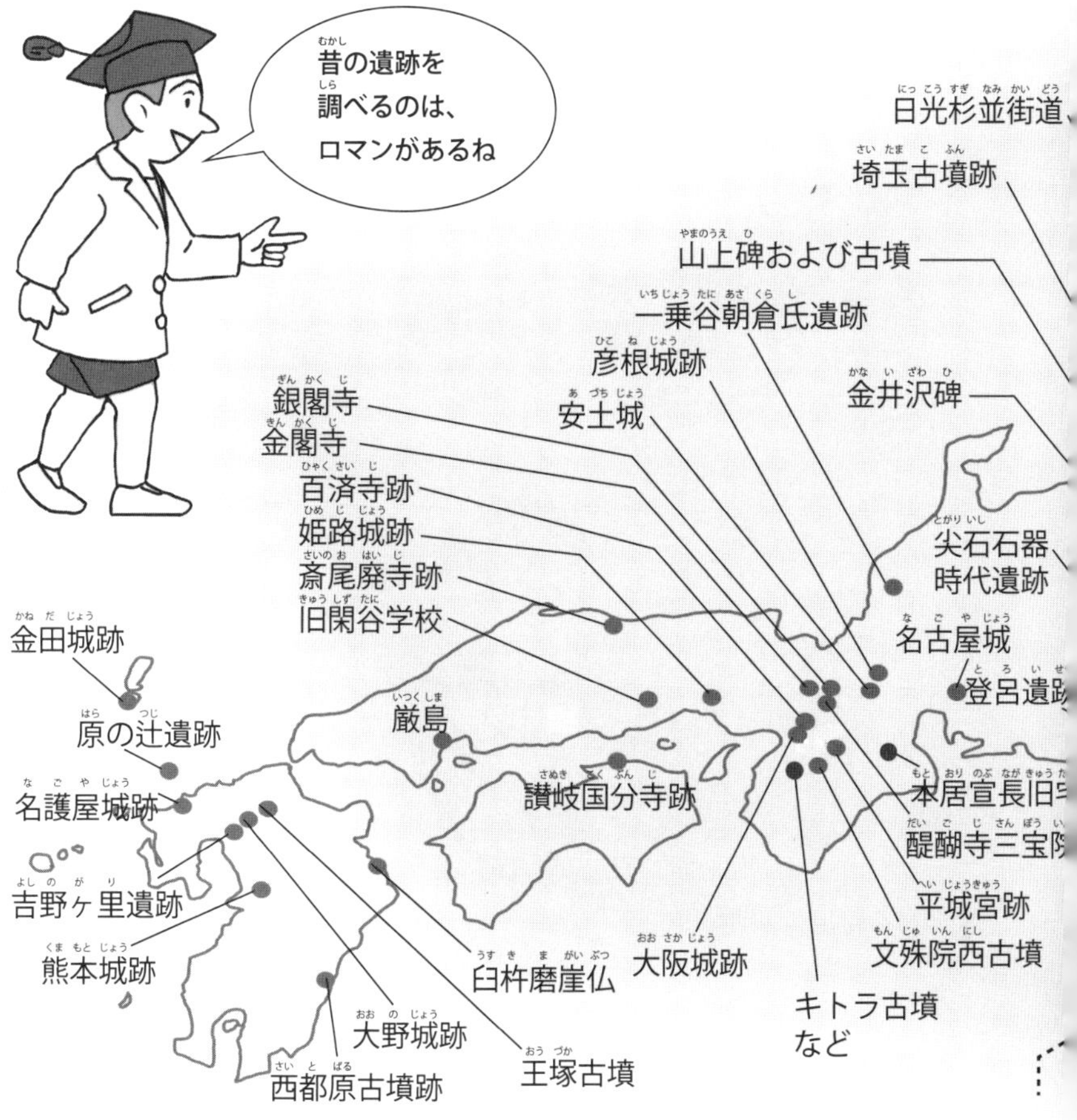

受検資格：入門《にゅうもん》〜中級はだれでも受検できる。上級は中級の合格者のみ、最上級は上級合格者のみ受検できる。

検定内容：入門、初級、中級、上級、最上級の 5 段階。
初級〜中級は、自宅でパソコンやスマホを使ってのインターネット検定。
上級と最上級クラスは、会場でコンピュータを使っての試験（CBT 方式）。
入門クラスは広く遺跡や文化財《ぶんかざい》に親《した》しむことを目的《もくてき》としているが、初級〜上級は大学生くらいの知識が要求《ようきゅう》される。最上級は、さらに難《むずか》しくなるよ。

検定料：入門 2,500 円〜最上級の 10,000 円まで。

主催：（公社）日本文化財保護《ほご》協会

きもの文化《ぶんか》検定

きものは日本のステキな宝《たから》
歴史を着《き》よう

きものは、日本の伝統的《でんとうてき》な文化です。きものを着ることはもちろんだけど、その歴史と文化も学んでみたいですね。

みんなも着られるようになりたいですね
きものってとてもオシャレ

きものを着る

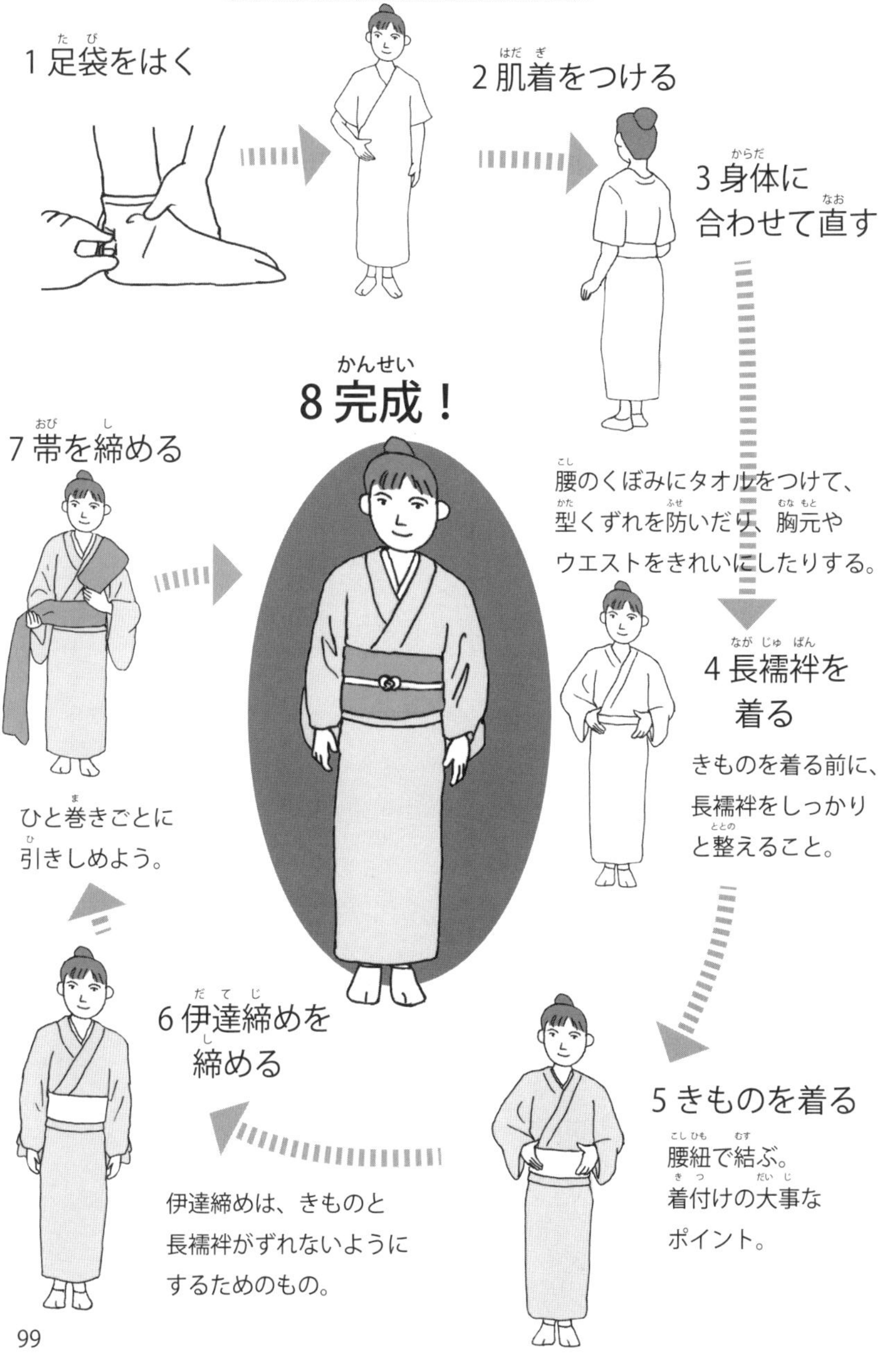

1 足袋《たび》をはく
2 肌着《はだぎ》をつける
3 身体《からだ》に合わせて直《なお》す
腰《こし》のくぼみにタオルをつけて、型《かた》くずれを防《ふせ》いだり、胸元《むなもと》やウエストをきれいにしたりする。
4 長襦袢《ながじゅばん》を着る
きものを着る前に、長襦袢をしっかりと整《ととの》えること。
5 きものを着る
腰紐《こしひも》で結《むす》ぶ。着付《きつ》けの大事《だいじ》なポイント。
6 伊達締《だてじ》めを締《し》める
伊達締めは、きものと長襦袢がずれないようにするためのもの。
7 帯《おび》を締《し》める
ひと巻《ま》きごとに引《ひ》きしめよう。
8 完成《かんせい》！

着物《きもの》につきものの小物《こもの》

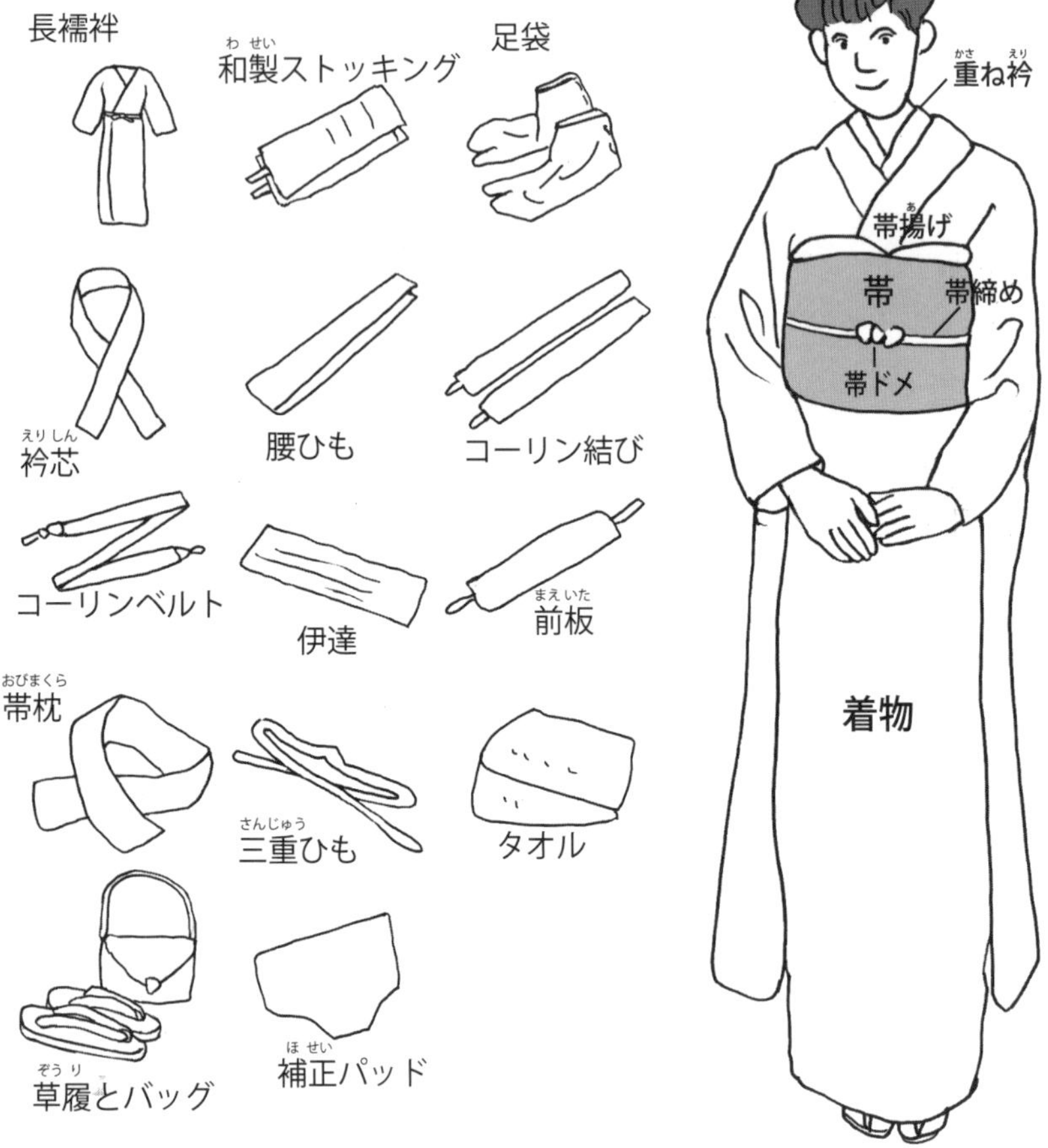

過去の問題

きもの文化検定サイト

男性用《だんせいよう》の着物の出題もあるよ

問題例

次の（　）にあてはまるものを選んでください。

江戸時代に胴服《どうぶく》から発展《はってん》した（A）は、やがて下級武士《かきゅうぶし》や町民《ちょうみん》の礼装《れいそう》として（B）の代わりに（C）とともに用《もち》いられました。

答：A：羽織・はおり　B：裃・かみしも　C：袴・はかま

受検資格：だれでも受けられる。

検定内容：5 級～準 2 級と準 1 級があり、1 級までの 7 段階。
5 級～3 級は、会場受検と CBT《シービーティー》 受検がある。
準 2 級以上は会場受検だが、CBT 方式を取《と》り入《い》れる可能性《かのうせい》もある。

学習方法：公式教本《こうしききょうほん》のⅠ《いち》とⅡ《に》がある。5、4 級はⅠから、3、2 級はⅠとⅡから、1 級はきものに関するすべての範囲《はんい》から出題される。

受検料：5・4 級の 5,500 円～1 級の 11,000 円

主催：（一社）全日本きもの振興会《しんこうかい》

お茶から見えてくるものがあります

鎌倉《かまくら》時代に始《はじ》まったといわれる茶道《ちゃどう》は、
茶《ちゃ》の湯《ゆ》の一つで、いろいろな決《き》まりがあります。
一方《いっぽう》、ただ単《たん》にお茶を楽《たの》しむという
日本茶文化《ぶんか》も長《なが》く息《いき》づいて
発展《はってん》してきました。
煎茶《せんちゃ》、玉露《ぎょくろ》、番茶《ばんちゃ》…。
きみも日本茶の博士に
なってみませんか？

千利休《せんのりきゅう》

質素《しっそ》なもの、静《しず》かなものに美しさを感《かん》じる
「侘《わ》び寂《さ》び」は、日本人の独特《どくとく》な心。
そのわび茶を確立《かくりつ》したのが、安土桃山《あづちももやま》時代に
活躍《かつやく》した茶道の祖《そ》・千利休です。

茶室《ちゃしつ》には「利休の精神《せいしん》」が息《いき》づいている

にじり口《ぐち》

どんなに身分《みぶん》の高い人でも、
刀《かたな》をはずして、頭《あたま》を下《さ》げて
しか入《はい》れないよう、
入《い》り口《ぐち》をせまくした。
すべての人が平等《びょうどう》という
精神です。

和菓子《わがし》

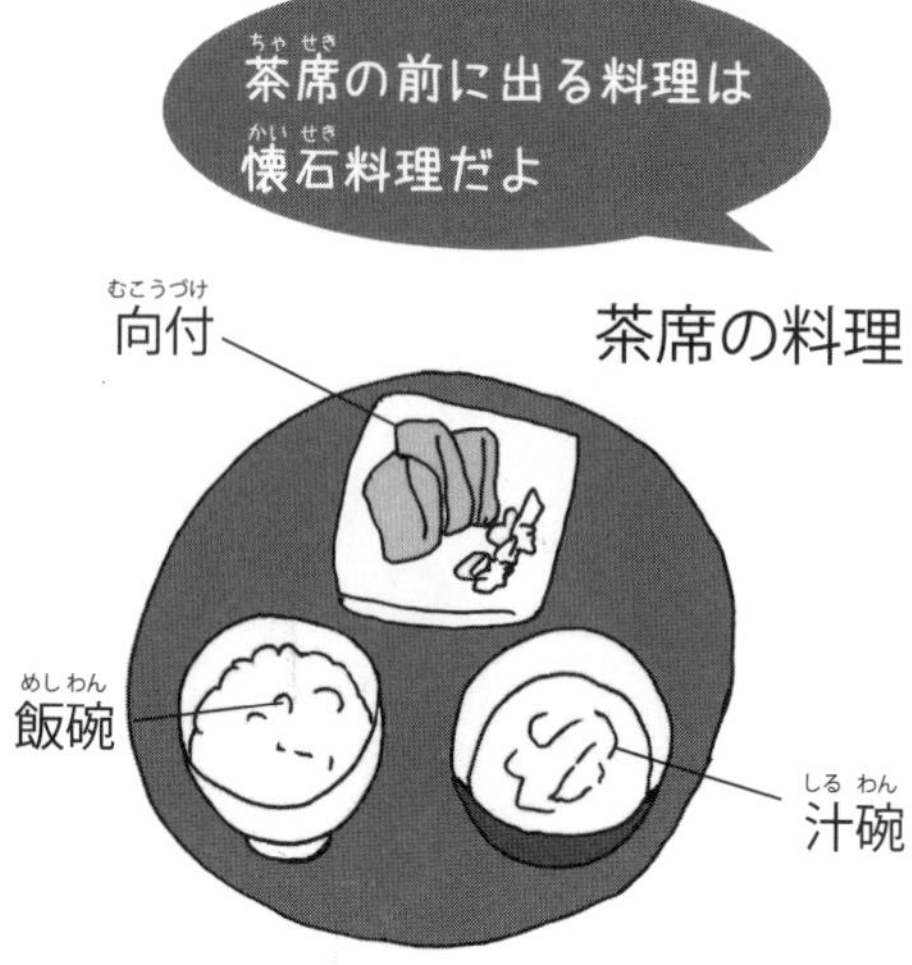

懐石料理

お茶の前に食べる軽《かる》い食事《しょくじ》。
一汁《いちじゅう》三菜《さんさい》を基本《きほん》としている。

日本茶検定サイト

過去の問題

問題例

1

お茶の品種《ひんしゅ》「べにふうき」には「メチル化《か》カテキン」が多《おお》く含《ふく》まれているので、花粉症《かふんしょう》を抑《おさ》える効果《こうか》がある。

1、○　　　2、×

2

玉露《ぎょくろ》をいれる時《とき》、適切《てきせつ》な湯の温度《おんど》と浸出時間《しんしゅつじかん》はどちらでしょう？

1、70℃で1分　　2、50℃で2分30秒

3

日本でお茶の生産量第《せいさんりょうだい》1位《い》は静岡県《しずおかけん》、では2位は次《つぎ》のうちどちらでしょう？

1、鹿児島県《かごしまけん》　2、京都府《きょうとふ》

4

カフェインの含有量《がんゆうりょう》が一番少《いちばんすく》ないお茶は次のうちどれでしょう？

1、抹茶《まっちゃ》　　2、玉露茶《ぎょくろちゃ》　　3、番茶《ばんちゃ》

答：(1)−1、(2)−2、(3)−1、(4)−3

受検資格：パソコンができる人ならだれでも受けられる。

受検方式：オンライン受検のみ。

出題方法：○× の択一式《たくいつしき》により前半《ぜんはん》試験（50問《もん》）・後半《こうはん》試験50問の出題で合計《ごうけい》100問が出題される。記述式《きじゅつしき》問題はありません。

出題分野《ぶんや》：前半は、お茶のプロフィールやおいしいいれ方《かた》、お茶の健康《けんこう》効果など。
後半は、お茶の成分《せいぶん》、お茶の育《そだ》て方、お茶の歴史と文化など。

学習方法：公式テキスト「改訂版《かいていばん》　日本茶のすべてがわかる本」がある。

受検料：3,300円（税込）。

合格者：3級60～74点、2級75～89点、1級90点以上。合格証が送られる。

主催：（NPO《エヌピーオー》法人）日本茶インストラクター協会

ねこ検定

ねこの気持ちを
知って
ねことなかよし

ねこに関する知識や理解《りかい》を深《ふか》め、
ねことの共生《きょうせい》をより良《よ》くしていくことが、
ねこ検定のねらいです。

ねこたちの感情表現《かんじょうひょうげん》

ねこのしぐさを ちょっと観《かん》察《さつ》してみよう

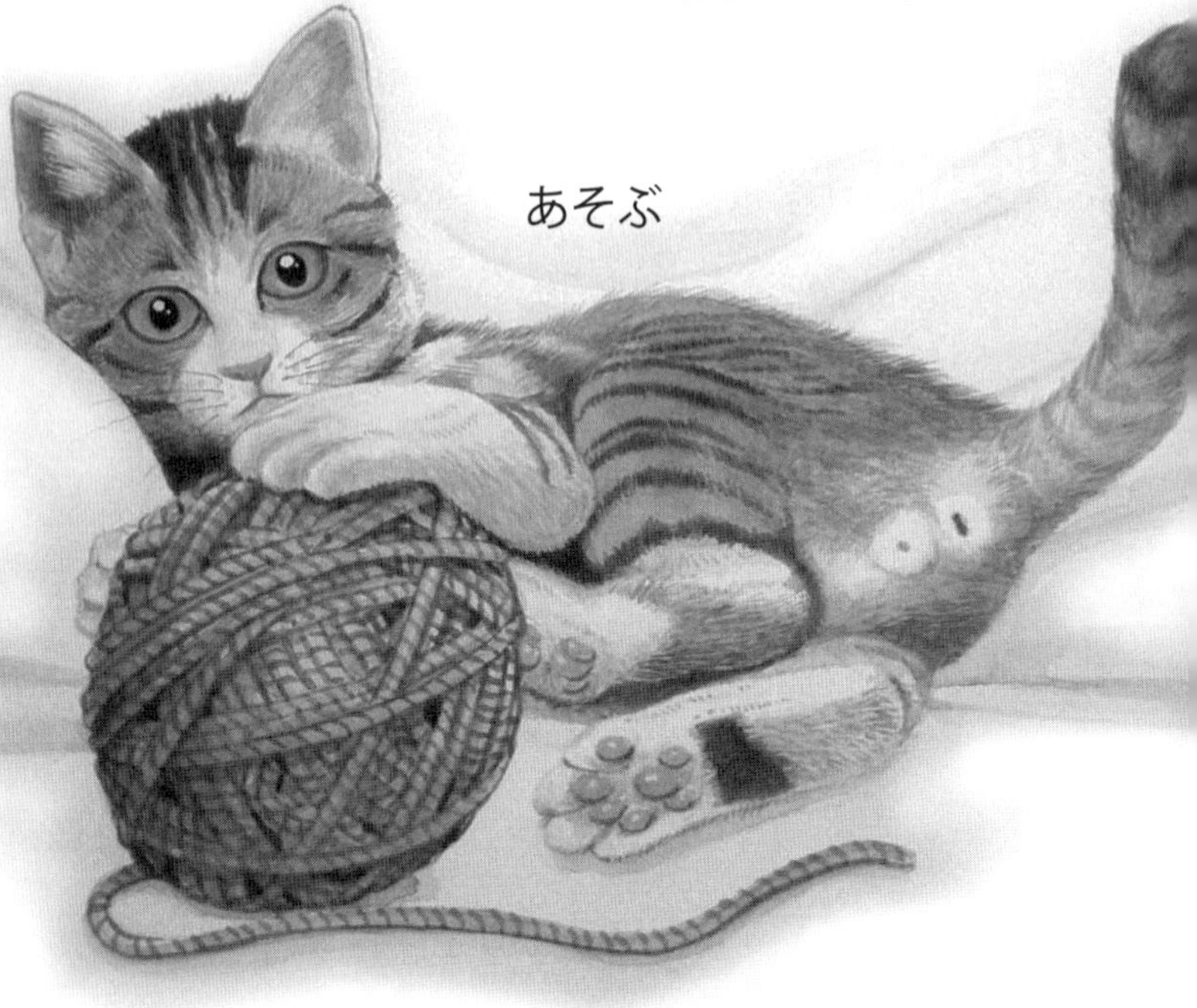
あそぶ

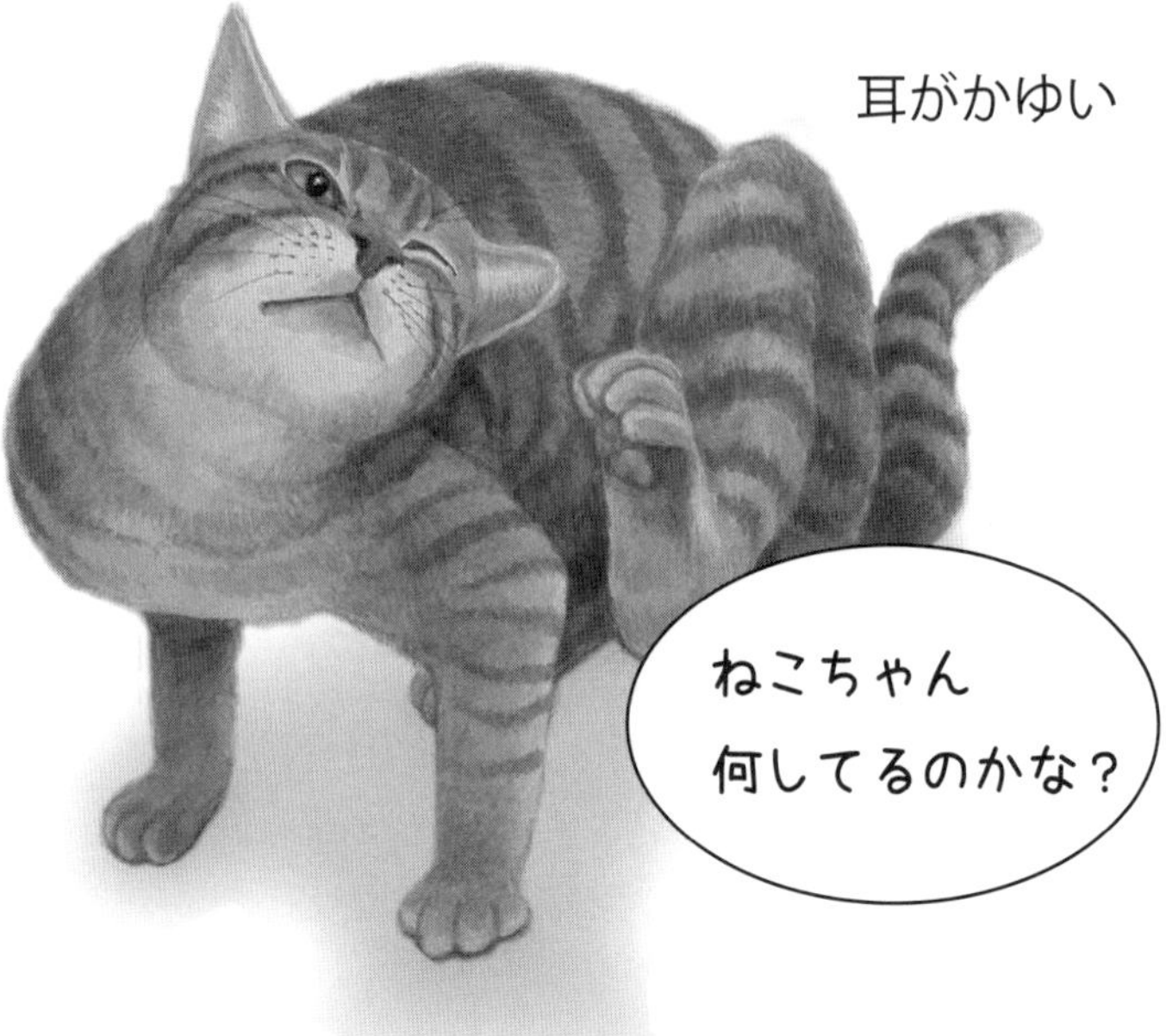
耳がかゆい
ねこちゃん
何してるのかな？

主《おも》な品種《ひんしゅ》

- スコティッシュ・フォールド
- マンチカン
- 混血種
- アメリカン・ショートヘア
- ノルウェージャン・フォレスト・キャット
- ブリティッシュ・ショートヘア
- ラグドール
- ミヌエット

スコティッシュ・フォールド

マンチカン

混血種《こんけつしゅ》

ねこ検定サイト

過去問題

問題例

ねこがひげをピンと立てている時の感情は？

1. 警戒　　2. リラックス
3. うれしい　　4. たいくつ

答：うれしい

受験資格：ねこが好きな人ならだれでも受験できる。

検定試験：会場検定（全国 5 会場）とオンライン検定がある。

受験内容：初級・中級・上級の 3 段階。

試験対策：初・中・上級の公式ガイドブックと過去問題集。

検定料：初級 4,900 円、中級 5,900 円、上級 7,200 円。

合格者：合格認定証、合格認定カード（有料）、合格認定バッジ（有料）など。

主催：ねこ検定実行委員会

企画・運営：日販セグモ（株）

特別協力：神保町《じんぼうちょう》にゃんこ堂《どう》

いぬとなかよし！
生活を豊かにしてくれる
ワンちゃんのことを
もっと知ろう！

ワンちゃん
これからも
なかよくね！
ペロ
ペロ

私たちの生活に切《き》っても
切り離《はな》せないワンちゃん。
人と犬とのより良《よ》い関係《かんけい》を
めざして生まれた検定です。

セントバーナード

犬の進化《しんか》を知る
犬の気持ちや行動《こうどう》を理解《りかい》する
しつけ　食育《しょくいく》　介護《かいご》　防災《ぼうさい》を学ぶ

パグ

いぬ検定サイト

癒《いや》しを与《あた》えてくれるワンちゃんたち

人気《にんき》の犬種《けんしゅ》ベスト5

（2024「犬との暮らし大百科編集部」調べ）

＜こんな犬も＞

受検資格：子どもから大人までだれでも受検できる。

受検方法：オンライン検定。パソコン、スマートフォン、タブレットで受検。

受検内容：初級～上級の 3 段階。

学習方法：初・中級のオンラインテキストは共通《きょうつう》。上級オンラインテキストは別《べつ》。

受検料：初級 5,500 円（テキスト付 7,200 円）～上級 7,800 円（テキスト付 9,000 円）。併願《へいがん》あり。

合格者：合格認定証《にんていしょう》と合格認定カード（有料《ゆうりょう》）が発行《はっこう》される。

主催：（一社）ペット・サービスグループ

監修《かんしゅう》：勝《かつ》俣《また》和《かず》悦《よし》　**企画・運営**：日販セグモ（株）

実《じつ》用《よう》英《えい》語《ご》技《ぎ》能《のう》検定（英検）®

英語力をつけて
広げよう 世界の輪《わ》

英語は、世界の80カ国以上で
話されています。
でも、日本の英語力は
それほど高くないようです。
さあ、英語力アップを
目指《めざ》しましょう！

英検®ウェブサイト

英語 Jr.®ウェブサイト

受験資格：だれでも受けられる。

検定内容：5 級から 1 級までで 8 段階（2025 年度より）。試験問題は、リーディング、リスニング、ライティング、スピーキングの 4 技能から出される。
3 級以上は一次試験と二次試験に分かれ、英検®（従来型《じゅうらいがた》）は一次試験合格者のみ二次試験のスピーキングを受験できる。4 級、5 級のスピーキングは任意《にんい》。

合格者：合格証書（賞状《しょうじょう》）と合格証明書が発行される。

検定料：年度によって料金《りょうきん》は異《こと》なります。

主催：公益財団法人 日本英語検定協会　**後援**：文部科学省

●コンピューターで受験する英検 S-CBT（3 級〜準 1 級）については英検®ウェブサイトへ。

※英検®は、公益財団法人 日本英語検定協会の登録商標です。
※このコンテンツは、日本英語検定協会の承認や推奨、その他の検討を受けたものではありません。

4つの技能の英語力を身《み》につける

読む（リーディング）

聞く（リスニング）

書く（ライティング）

話す（スピーキング）

こんな英語テストもあるよ

TOEIC トーイック

ビジネスや日常会話《にちじょうかいわ》の英語力を知る

アメリカの非営利教育団体《ひえいりきょういくだんたい》 **Educational Testing Service**（**ETS**）が運営《うんえい》する世界共通《きょうつう》の英語試験。合格・不合格はなく、自分の現在《げんざい》の英語力を知ることができる（5種類《しゅるい》のテストがある）。
日本では、（一財）国際《こくさい》ビジネスコミュニケーション協会が実施《じっし》。

TOEICの検索サイト

TOEFL トフル

大学の授業《じゅぎょう》についていける英語力

同《おな》じく **ETS** が運営しているが、母国語《ぼこくご》が英語でない人を対象《たいしょう》にしている。現在はインターネットを通してのテストが主流《しゅりゅう》となっている。世界の大学には、TOEFLのスコアを重視《じゅうし》するところもある。
日本では、ETS Japan 合同《ごうどう》会社が実施。

TOEFLの検索サイト

※上記のQRコード等は、各ホームページを参考にしました

数《すう》学《がく》検定・算《さん》数《すう》検定

数学は世界共通《きょうつう》の言《げん》語《ご》です

学習段階《がくしゅうだんかい》に応《おう》じて階級《かいきゅう》を選《えら》んでみよう

小学４年生問題例

次の計算《けいさん》をしましょう。

（1） 394＋806

（2） 6000－3719

（3） 37×8

（4） 846×45

（5） 54÷ 6

（6） 77÷ 7

（7） 720÷48

答：上から　1200　2281　296
38070　296　9　11　15

数学検定サイト

964÷ 4 ×15

2× 5 ＋ 8 ＋

48÷6×179

過去の問題サイト

受検資格：とくにない（幼児《ようじ》からだれでも受検できる）。

検定内容：**算数検定**は、幼児レベルのかず・かたち検定が２階級《かいきゅう》。小学生レベルが11級～6級。**数学検定**は、中学生レベルが５級～3級、高校生レベルが準２級～準１級の３階級、大学・一般《いっぱん》レベルが１級。全部《ぜんぶ》で15階級。

※1級は個人《こじん》受検A《エー》日程《にってい》でのみ受検可能《かのう》。

※かず・かたち検定は個人受検 A 日程、団体《だんたい》受検でのみ受検可能。

検定料：かず・かたち検定の2,700円～1級の8,500円まで。

合格者：合格証を発行。数学検定（1 ～ 5 級）は、１次検定のみに合格すると計算技能《けいさんぎのう》検定合格証、２次《じ》検定のみに合格すると数理《すうり》技能検定合格証を発行。

※算数検定 6 ～ 11 級、かず・かたち検定のみ、合格に満《み》たない場合《ばあい》でも未来期待《みらいきたい》証を発行。

主催：（公財）日本数学検定協会

後援：文部科学省

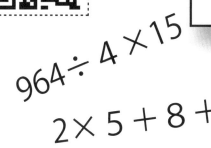

硬筆《こうひつ》・毛筆《もうひつ》書写《しょしゃ》技能《ぎのう》検定

きれいな文字《もじ》を書きたい それはだれもの願《ねが》い

文字を正しく整《ととの》えて書く。
ひらがな、カタカナ、漢字《かんじ》、
美しい文字を心をこめて！

硬筆・毛筆書写
技能検定サイト

受検資格：だれでも受けられる。ただし、3 級以上は顔《かお》写《じゃ》真《しん》付《つ》き身《み》分《ぶん》証《しょう》明《めい》書《しょ》が必要。

検定レベル：6 級～準 2 級、準 1 級をふくむ 1 級までの 8 段階。
6 級は実技だけ、5 級から実技と理論《りろん》問題が出る。筆順《ひつじゅん》は、どの級でもだいじ。毛筆の実技では、3 級から行書《ぎょうしょ》が入り、準 2 級から臨書《りんしょ》（古典《こてん》を手本《てほん》として学ぶ）が入る。

受検料：硬筆は 6 級の 1,200 円（毛筆 1,400 円）～1 級の 7,500 円（毛筆 8,000 円）。

合格者：合格証書・合格証明書（有料）を交付《こうふ》。

主催：（一財）日本書写技能検定協会

後援：文部科学省

日《に》本《ほん》語《ご》検定（語検《ごけん》）

日本語の中に新《あら》たな発見《はっけん》をしてみませんか！

お世話《せわ》に
なっております

ふだん何気《なにげ》なく使っている日本語。
でも、正しく書いたり、話したりするのは、
意外《いがい》とむずかしい。
勘違《かんちが》い、思《おも》い違いをしているかも。
漢字の書き方、敬語《けいご》の使い方……。
語検にちょうせんしてみよう！

受検資格：だれでも受けられる。

受検方式：全国の受検会場。

検定内容：7 級から 1 級までの 7 段階。どの級でも受検できる。

受検内容：漢字・表記《ひょうき》・敬語《けいご》・言葉《ことば》の意味《いみ》・語《ご》い・文法《ぶんぽう》と総合《そうごう》問題。

検定料：7 級の 2,200 円～1 級の 6,800 円。

主催：（特非） 日本語検定委員会

日本語検定サイト

（特非）：特定非営利活動法人の略

日本漢字能力《のうりょく》検定（漢検《かんけん》）

漢字の成《な》り立《た》ちを知るととても面白《おもしろ》い

日本語と漢字の魅力《みりょく》に改《あらた》めて目覚《めざ》め、学びを深めることができる。

象形文字《しょうけいもじ》から生まれた漢字

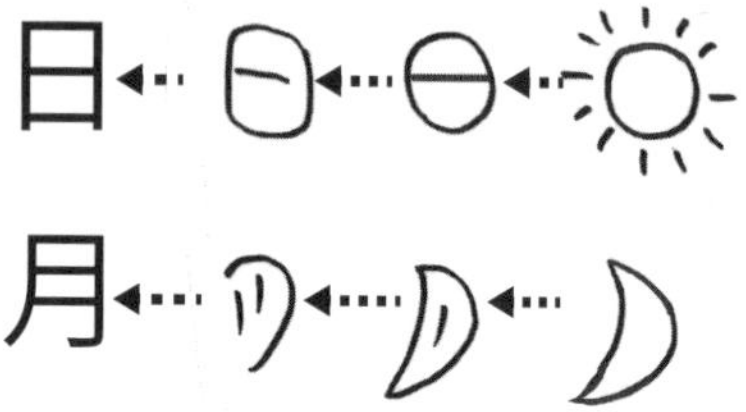

会意文字《かいい》：2つ以上《いじょう》の漢字が組《く》み合《あ》わさった文字

日＋月
明

口＋鳥
鳴

受検資格：だれでも、どの級からでも受検できる。

受検内容：準会場と公開《こうかい》会場受検がある。
準１級と１級は、準会場受検はなく公開会場のみ。

検定内容：10級～準２級、準１級を含む12段階。

学習方法：「漢検 漢字学習ステップ」「漢検 過去問題集」など。

検定料：準会場での10級の1,500円～公開会場受検の１級6,000円まで。

主催：（公財）日本漢字能力検定協会

漢検サイト

けん玉《だま》検定

トリック（技《わざ》）をマスターしてけん玉先生にチャレンジ！

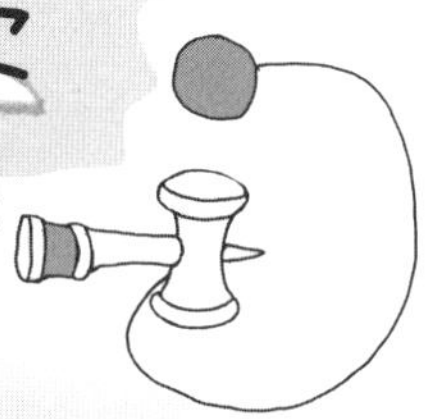

けん玉の奥《おく》は深《ふか》い。
「できた！」の喜《よろこ》びをささえに、
きょうもトリックを
みがこう！

けん玉検定サイト

受検資格：子どもから大人までだれでも受検できる。

受検方法：全国のけん玉検定会に参加《さんか》。

検定内容：**メダルチャレンジ、ベーシッククラス、アドバンスクラス、エキスパート、マスター**に分かれるが、どのクラスも 3～1 級があるので、全部《ぜんぶ》で 15 段階になる。

練習方法：けん玉教室《きょうしつ》やクラブ、サークルに参加したり、オンラインで練習《れんしゅう》。

合格者：ベーシッククラス以上《いじょう》には、 合格証（有料）と ID《アイディー》カード（有料）を発行。

主催：（一社）グローバルけん玉ネットワーク（GLOKEN）

ほかに、（公社）日本けん玉協会主催のものもある。

ほかにもこんな資格・検定が…

温泉《おんせん》ソムリエ
銭湯《せんとう》検定
キャンプ・アウトドア関連《かんれん》の資格
納豆《なっとう》真打《しんうち》検定
サッカー審判《しんぱん》の資格
フードコーディネーター資格
くるまマイスター検定（くる検）
グリーンアドバイザー
暮《く》らしの セキュリティ検定
毛糸《けいと》編物《あみもの》技能《ぎのう》検定
全国《ぜんこく》道《どう》の駅《えき》検定
紅茶《こうちゃ》検定

など‥

ほかにも
検定をさがすと
きみに合うお宝《たから》検定が
見つかるかも

（注）この本に掲載された資格・検定内容は2024年10月現在のものです。現在の詳細については、サイトを検索してください。

あとがき

子どもたちには未来が開かれています。

これからいろいろなことを目指すことができます。

子どもたちが自分の夢に向かって歩もうとする時、資格・検定というトビラも楽しいのではないかと思い、ここにいくつかを紹介させていただきました。

この『きみも博士になれる！　資格・検定ハンドブック』をヒントに、面白そうだと思うものに、どんどんチャレンジしていってほしいと考えています。

どんなジャンルにも、どんな検定にも、まずはチャレンジ！

初めは、遊びの気分で始めても良いのでは？

この本を通して、きみたちの夢が、見つかるかもしれませんね。

さあ、宝物探しに出発です！

しおうらしんたろう

検定の宝物探しに出かけよう！
チョコレート検定
恐竜学検定
世界遺産検定
ジュニア・スイーツコンシェルジュ
この冒険はQRコードを読みこむことから始まるのね

●著者紹介：しおうらしんたろう（塩浦信太郎）

群馬県生まれ。

これまで世界中を旅してきましたが、ネイティブアメリカンの人たちとの出会いの中で、彼らの自然な生き方に感銘し、ナバホに何度となく訪ね、本を出版しています。

主な著作：インディアンの知恵（光文社）
ラコタとナバホに恋をして（めるくまーる）
こころがよろこぶことば（東京書籍）
ネイティブアメリカンの美味しい生活（PHP）
くらしの中のトイレの歴史（ポトス出版）
ビックリ！深海（ポトス出版）
くらしの中のきほんのしくみ（ポトス出版）
ふしぎがいっぱい！生きものたちの共生（ポトス出版）
まんが長崎の原爆を生きぬいて 少女たちが受けた過酷な運命（ポトス出版）

きみも博士になれる！ 子ども資格・検定ハンドブック

発行日　2024年12月15日　第１刷発行

作　者　しおうらしんたろう
発行者　上田建男
発行所　ポトス出版
〒167-0042東京都杉並区西荻北4-3-2-402
電話／FAX 03-6794-8687
振替 00120-7-569989
https://potosu.thebase.in
印刷・製本　株式会社 ユー・エイド

Published by POTOSU SHUPPAN, Tokyo. Printed in Japan.
ISBN 978-4-901979-56-6

ご注文、お問い合わせは、電話／FAXとも03-6794-8687までお願いたします。
乱丁本・落丁本はおとりかえいたします。